図解

プログラミング教育がよくわかる本

監修 石戸奈々子
NPO法人CANVAS理事長

講談社
健康ライブラリー スペシャル

まえがき

子どものプログラミング教育に注目が集まっています。小学校で２０２０年度から必修化されることや、都市部を中心に民間教室が急増していることを、ニュースでご覧になった方も多いのではないでしょうか。

近年、テクノロジーの発展によって生活のあらゆる場面にコンピュータがとけこみ、多くのものがプログラムによって制御されるようになりました。みなさんにとってデジタル機器が身近な存在となりました。そして、さらには「ＩｏＴ」が現実のものになろうとしています。コンピュータを意識しなくても、身のまわりのものすべてがコンピュータ化していきます。

それは、社会、くらし、文化に大きな変革をもたらすでしょう。だからこそすべての人にとって重要な教育問題として議論されるようになりました。状況は海外でも同じです。

子どもたちにとってプログラミングが、「読み書きそろばん」と同じくらい重要になっていくのです。

この本は、注目されるプログラミング教育について、家庭で実践するときのコツや民間教室の活用法、学校現場への導入のポイントなどを、実例もまじえながら広く解説したものです。子育て中の保護者のみなさまからプログラミング教育に関わっている先生方まで、多くの方に活用していただけます。

プログラミング教育にとりくむときには、子どもがプログラミング「を」学ぶこと以上に、プログラミング「で」学ぶことを大切にしてほしいと思います。

新しい技術は、ほしいと願う人がいれば、次々に実現していくでしょう。しかし、大事なことはプログラミングを活用して、なにを創造し、なにを表現するのかです。

コンピュータの登場により、私たちの生活は飛躍的に便利で豊かになりました。アイディアを形にする魔法の道具「プログラミング」を手にした子どもたちが、どんな未来を築いていくのか、楽しみです。

NPO法人CANVAS理事長
石戸奈々子

図解　プログラミング教育がよくわかる本　もくじ

1　プログラミング教育とはなにか

2 家庭で遊びながら学べるもの

3 小学校での実践がはじまっている

4 なぜいま子どもたちに必要なのか

5 プログラミング教育の効果とは

そもそも「プログラミング教育」とはなにか

1 幼児や小学生にプログラミング体験の機会をつくることから、中高生に専門技術を教えることまで、いま社会にはさまざまな形のプログラミング教育があふれています。

タブレット用のアプリでキャラクターに指示を出して動かすのもプログラミング体験のひとつ。小さな子どもにもプログラミングが身近になってきている

2 子どもたちはプログラミングを通じて、どうすれば思いを形にできるのか、論理的に考える体験をします。想像力を働かせたり、ほかの人と協力したりもします。プログラミングのそうした効果に、注目が集まっています。

プログラミングというと、パソコンで難しい記号を打ちこむというイメージがあるかもしれませんが、じつはもっと幅広いものです。

プログラミングの基礎知識は第１章へ

3 家庭ではパソコンやタブレット、スマホなどを使えば、プログラミングがかんたんに体験できます。ほかにもたとえば工作をするとき、設計図や完成図を書き、手順を考えながら作業すれば、それもプログラミングの入り口になります。

ブロックでロボットを組み立て、モーターを積んで動かす。パソコンやタブレットを連携させれば、ロボットの動きがプログラミングできる

家庭向けの無料アプリや民間教室が次々に登場しています。多種多様な選択肢のなかから、子どもに合ったものを選ぶためには、どう考えればよいのでしょうか。

家庭でのプログラミング
体験は第 2 章へ

4 また、子どもにプログラミングを教える民間教室が都市部を中心に増えています。アプリを使ったり、ロボットをつくって動かしたり。さまざまな経験ができます。

学校でのプログラミング
教育は第 3 章へ

小学校でのプログラミング教育は、まだ準備段階です。しかし一部の学校ではすでに実践がはじまっています。

5 中学校や高校では技術や情報の授業がおこなわれていますが、2020 年度からは小学校の授業にもプログラミングの考え方がとり入れられます。

国語や算数などの教科学習で、子どもたちが調べ物や意見のまとめ、手順の比較などにプログラミングを使う

なぜいま
注目が集まっているのか

6 プログラミングを通じて多様な経験ができるため、家庭でも学校でも注目されていますが、それに加えて、いまや日常生活にプログラミングが欠かせなくなったということも、多くの注目を集める理由のひとつになっています。

子どもたちへのプログラミング教育を通じて、親や教師もいまの社会を学び、成長することができる

技術の発展や普及によって社会が大きく変わり、子どもたちは将来、いまは存在しない仕事につくといわれています。そのためにいまプログラミング教育が必要なのです。

プログラミングの目的や効果は第４章・第５章へ

7 スマホから家電、家具、住宅設備、そして町のシステムまで、さまざまなものがプログラムによって制御されています。これからの社会を生きる子どもたちにとって、プログラミングのしくみや使い方を知っておくことには、大きな意味があるのです。

1 プログラミング教育とはなにか

子どもにプログラミング教育が必要だといわれても、
パソコンやプログラムにくわしくない大人は、
なにを教えればよいのか、悩んでしまうのではないでしょうか。
そう悩むのも当然ですが、これから学んでいけば大丈夫です。
大切なのは、プログラミングの専門的な知識や技術を教えることではなく、
プログラミングを体験し、興味をもつきっかけを提供すること。
それは誰にでもできることです。

この章でわかること

- そもそもプログラミングとはなにか
- プログラミング教育の効果とは
- 何歳ぐらいから体験するとよいか

知る

プログラミングは料理のレシピのようなもの

プログラミングとは

プログラミングには、専門性の高い方法から、プログラミング的に考えることまで、さまざまな段階があります。教育の世界ではその全体が大きくまとめてプログラミングと呼ばれることがあります。

もっとプログラミング

身近な人の困りごとや社会課題をテーマに、それを解決する手段を考えてアイデアを形にするなど、アクティブラーニングや協働学習などの手法も混ぜ合わせながらプログラミングを創造・表現の手段として活用していく

はじめてのプログラミング

「つくられたもので遊ぶ・使う」から「自分でつくる」ことへ、そのおもしろさを伝えるために、まずはゲームやアニメづくりなど子どもが興味をもちやすい題材でワークショップや授業を実施すると、導入がスムーズに

目的地に着くために、どの交通手段で、どういう道順でいこうかと考えるのもプログラミング的思考の活動に

プログラミング的思考

ものごとのしくみや手順などを考え、うまくいく方法を探ること。ソフトやツールの有無に関係なく、じつは誰もが日常的に実践している

料理でいえばレシピ

プログラミングとは、簡単にいえば手順を考えて決めること。料理でいえば、レシピをつくる作業です。

砂糖をどのタイミングで、何グラム加えれば、おいしくなるかな？
つくり方を考える
「どうやればできるかな」と考えるのはプログラミング的思考の第一歩
レシピを考える
食材や分量、調理の手順を考えて具体的に決めるのがプログラミング
調理をする
レシピにそって調理をすれば、何回でも同じ料理をつくることができる

ものごとの手順を考えて決めること

一般的にプログラミングというと、パソコンなどを使って機器やソフトを動かすしくみ（プログラム）をつくることをさします。

しかし、そもそもプログラムとはものごとの順序や内容のこと。それを考えて決めることは、すべてプログラミングといえます。

料理のレシピのように、専門性はさまざま

上の絵のように、料理のレシピを例にすると、わかりやすいでしょう。プロが専門用語でレシピを書くこともあれば、家庭料理のように、手順や味付けを大まかに決めるだけのこともあります。

プログラミングも同じで、プログラマーの仕事から子どものとりくむ遊び感覚のものまで、さまざまなやり方があります。とりくみやすいものもあるのです。

知る

これからは「読み・書き・プログラミング」

重要な手段のひとつに

いまの社会では、多くの機器がプログラムで制御されています。そのしくみを理解することが、読み書きを知ることと同じくらい重要になってきています。

読み

言葉や文章を読む力は、これまでと変わらず重要。ものごとを深く知るためには、本や各種デバイスで情報を読む力が欠かせない

書き

文章や図を書く力の重要性も変わらない。自分の考えや気持ちを形にするためには、書く力がなくてはならない

プログラミング

かつて読み書きに並ぶのは「そろばん（計算全般）」だったが、いまやそれが計算を含むプログラミングに広がってきた

タブレットを使ってプログラムを組み、ロボットなどを動かすことが、かんたんにできるようになった。プログラミングがより身近に、重要になってきた

身につければ世界が広がる

どうしてプログラミングを知ることが重要なのか。それは、プログラミングを理解し、その活用法を身につければ、できることが増えるからです。

読み書きができれば、友達に手紙が出せる。プログラミングも同じように、身につければ楽しいことが増える

子どもたちが書くことを学ぶのは、プロのライターになるためじゃない

書くことができれば、自分の考えを形にできる。そうすればできることが広がっていく

プログラミングもいっしょ！知れば知るほど、できることが増えていく！

「そろばん」がプログラミングに

昔から子どもは「読み・書き・そろばん」を習うものとされてきました。そろばんというのは、道具としてのそろばんの使い方だけでなく、計算全般のことです。

計算はいまも変わらず重要ですが、これからは計算も含めたより広く深いしくみとして、プログラミングを学ぶことが重要です。

社会にとって重要なものになってきた

いまの社会では多くのものが単純な計算ではなく、複雑なプログラムによって制御されています。社会を理解するために、プログラミングを知ることが欠かせなくなってきているのです。

プログラミングを理解し、それを通じてものごとをみたり、自己表現をしたりすると、いまの社会でできることが増えていきます。

知る

体験を通じて、自分で考える力が伸びていく

なぜ？　どうして？　と考える

プログラミングをするとき、最初からうまくいくことは少ないでしょう。正しい手順を組み立てたはずなのに、思い通りに動かず、「なぜ？」と感じるのがふつうです。そこから「どうすれば」と考えることで、思考が深まっていきます。

なぜ？　どうして？

ロボットをつくり、「まっすぐ歩く」という動きをプログラミングしたのに、その通りに動かない。理由を考える

どうすればいいのかな？

ロボットの構造を変えればよいのか。歩く速さなどの動き方を調整すればよいのか。対策を考える

最初は失敗するのが当たり前。そこであきらめずに、理由や対策を考えてみよう

新しいパーツを使ってみたり、新しい動き方を試してみたり。考えが広く深くなっていく

何度も何度も考える

プログラミングをすると、考えて実践し、その結果をみてまた考え、別の方法を試すという経験ができます。とくにソフトを使っている場合、やり直しがかんたんなので、何度も何度も考えることができます。

対策を試してみる

問題の理由や対策がみえてきたら、その考えにそって別のやり方を試してみる

まだうまくいかない

失敗しても、同じようにまた考えればよい。考えがだんだん整っていく

また別の方法を試す

さらにまた別のやり方を試す。そういった豊かな試行錯誤が、自然に経験できる

仮説を立てて実証する経験に

プログラミングは幅広く奥深いもので、しかもいまの社会にとって重要なものです。それだけでも注目に値しますが、プログラミングにはさらに、自然に試行錯誤ができるという特徴もあります。

子どもはプログラミングをするとき、仮説を立てて実証するというプロセスを経験しています。

新しいツールで経験できる

そうした経験は、子どもの考える力を育てることにつながっていきます。しかもそれをタブレットのような新しいツールを使って経験できるというところにも、プログラミングの魅力があります。

ソフトを使えば、試すのもやり直すのもかんたんです。子どもにもとりくみやすく、考えやすい活動になるのです。

知る

幼児や小学生はまず体験することから

敷居は低く、天井は高く

いま、プログラミングをかんたんに体験できるソフトが数多く出ています。子どもは小学校に入る前の幼児期から、プログラミングを体験することができます。

各種のソフトを使って敷居を下げ、かんたんなことからプログラミングをはじめてみましょう。

ただし、敷居を下げたからといって、天井まで下げる必要はありません。まだ幼児や小学生でも、天才的な表現力を発揮する子や、大人顔負けの知識や技術を身につける子もいます。

子どもの試行錯誤する様子に注目し、その子の成長を見守っていきましょう。

プロセスを大切に

子どもはプログラミングを通じて、さまざまなものをつくり出しますが、結果だけでなくプロセスにも目を向けましょう。いろいろと考える姿に、成長がみられます。

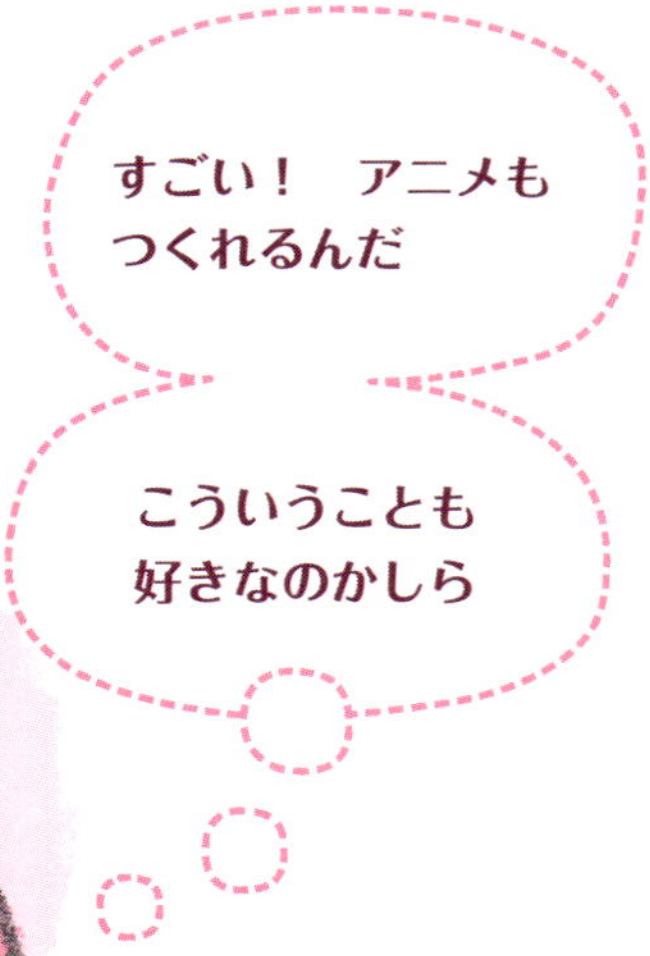
すごい！　アニメもつくれるんだ
こういうことも好きなのかしら

プログラミングにとりくむ様子から、その子が興味をもっていること、得意なことがみえてくる場合もある

体験を重ねるうちに操作に慣れ、自分の思いを表現できるようになっていく

まず体験することから

まずは子どもがプログラミングを体験し、手順を考えたりやり直したりするプロセスをふむことを大切にしてください。そうした体験の積み重ねによってプログラミングへの理解が深まり、より幅広く奥深い実践へとつながっていきます。

体験する

まずは体験。子どもが楽しみながら試行錯誤していることが重要。子どものひらめきや実践を見守り、なにごとも否定しないようにする

理解が深まる

子どもは試行錯誤をくり返すなかで、プログラミングへの理解を深めていく。表現や学習に活用するのがうまくなっていく

より高度な理解に

教わったことよりも高度なことを求めて、自主的に学び続ける子もいる。幼い頃から大人顔負けのものをつくり出すこともある

どんどんかけ上がっていく子もいる

幼児や小学生の段階では、まず体験することからはじめ、少しずつ試行錯誤していくことが多いのですが、なかにはあっという間に大人よりもくわしくなり、驚くような作品を生み出す子もいます。

子どもが専門的な知識や技術に興味をもち、学びたがったときには、その子に合った環境を用意しましょう。

機器を光らせることからはじめて、光り方を調整したり、ほかのものと組み合わせたりと、工夫を重ねて学んでいく

幼児から高校生まで

年代別・プログラミング教育の基本ルート

幼児や小学校低学年のときに、カメラアプリなども使いながら、遊び感覚でスタートする子が多い

小学校中学年

小学3～4年生になると、「ScratchJr」などから「Scratch」などへ切り替えたりして、より多くの機能を使えるように

幼児

就学前の子も「ScratchJr」（28ページ参照）などのソフトでプログラミングを体験できる。遊び感覚で楽しめるものが多い

小学校低学年

小学1～2年生もまだ入り口の段階だが、体験を重ねてきた子はソフトを使って自分のイメージを表現できるようになっていく

※このページではソフトを使ったプログラミングを解説しています。年代別の歩みは目安です。
プログラミング教室などに参加している親子の話をもとにしていますが、個人差があります。

高度なプログラミングを学ぶ子も出てくる

プログラムを組み立てることに興味をもち、専門的な技術を身につける子も出てくる。アプリ製作などに活動を広げていく

POINT

幼児から小学生までの期間に体験を積み重ねることで、プログラミングへの理解が進み、基本的な実践スキルも身についていきます。その頃にはプログラミングをより専門的に学ぶという選択肢も出てきます。

小学校高学年

小学５～６年生になると理解度が上がり、友達どうしで教え合ったり、役割分担をしたりして、さらに深い学びに

中学生以降はより専門的に

中学生になる頃には、プログラミングのしくみへの理解が深まってくる。より専門的なことにとりくむ子も出てくる

プログラミングを活用する子もいる

専門的なことには手を広げず、音楽やスポーツなどほかの活動にプログラミングを活用するようになっていく子もいる

小学校高学年から中学生くらいになると、それぞれの長所をいかして協力することもできるようになっていく

はじめる

親や先生もいっしょに学べば大丈夫

大人はなにをすればよい？

プログラミングを体験することが重要だとわかってきたら、では大人は子どもになにを用意し、どうやって教えればよいのでしょうか。興味はあっても、やり方がわからず、悩んでいるという人が多いようです。

パソコンにも
プログラミングにも
くわしくないから不安。
子どもにちゃんと
教えられるだろうか？

でも2020年度には
小学校でもプログラミング
の授業がはじまる。
準備をはじめたほうが
よさそう……

54ページへ

ゲームを趣味にするのなら、
ただ遊ぶのではなく、
つくる側にまわってほしい。
そのためにプログラミング
が役立つのでは？

26ページへ

友達の○○くんは、もう
スキルを身につけはじめた
らしい。どんなソフトや
ツールを用意すればいいの？

28ページへ

プログラミング教育が話題になり、親も先生もあせりはじめている。いますぐにできることとは？

プログラミングの授業では、
指導のねらいをどう考えれば
よいか。参考になる指導案を
教えてほしい

66ページへ

専門知識はなくてもよい

いまプログラミングにくわしくなくても、心配はいりません。これまでにも解説した通り、いまはかんたんに体験できるソフトやツールがあります。大人も子どもといっしょに学んでいきましょう。

ひとつのソフトをフル活用するのもよいのですが、多くのソフトやツールを経験し、多様性を理解するのもよいでしょう。

体験の機会をつくりたい

最近では都市部を中心に、プログラミング関連のイベントがよくおこなわれています。親子向けの体験会もあれば、先生向けの研修会もあります。

そうしたイベントを活用すれば子どもに体験の機会をつくることができ、親や先生は教え方のヒントを学ぶことができます。

考え方をいっしょに学ぶ

ソフトやツール、その使い方はどんどん変わっていくもの。いまあるものを活用するとともに、プログラミングの普遍的な考え方を学ぶことが大切です。親や先生も子どもといっしょに、そうした基本的なことを学びましょう。

さまざまなイベントに参加すれば、多くのソフトやツールを体験でき、子どもの学びが広がっていく

基本的な考え方を学びたい

プログラミングのしくみや活用法など、将来にも役立つ基本的な考え方を学ぶ。それは専門的な知識がなくても十分に学べること

だからこそ体験のチャンスを

子どもといっしょにさまざまな形のプログラミングを体験することで、基本的な考え方がわかってくる。だからこそ体験の機会をつくることが重要に

はじめる

大切なのはプログラミング「で」学ぶこと

プログラミング「を」学ぶ意味

パソコンなどを使ってプログラミングを体験すると、そのしくみが学べます。そのしくみ自体に興味をもって、さらにくわしく学び、プログラミング言語の使い方を習得する子もいます。そのように専門的な知識や技術を学ぶことにも意味があります。

ツールやソフトを使って体験する

パソコンやタブレットなどを使い、ソフトを操作してプログラミングを体験。その操作自体に興味をもつ子もいる

その使い方を学び、習熟していく

より高度な知識や技術を求めて勉強し、ツールやソフトの使い方に習熟していく

そのスキルを趣味や仕事にいかす

そうして学んだスキルを趣味や仕事にいかし、プログラマーとして生活を充実させていく

プログラミングを通じてなにを学びたいか

プログラミングを体験すれば、その専門的な知識や技術を学ぶことができます。それも重要な学びですが、それ以上に重要なのが、プログラミングを知ることで、考える力や創造力、表現力などの幅が広がり、より豊かに学べるようになるということです。

子どもは文字の読み書きや絵を描くこと、計算などに加えて、プログラミングという新しい手段を手に入れます。

そうして可能性が広がったときに、なにを学びたいか。その目標設定が重要です。プログラミング「で」なにを学ぶか、子どもといっしょに考えていきましょう。

タブレットでできることが増えたら、なにをしたいか。夢が広がる

プログラミング「で」学ぶとは

　専門的な知識や技術を身につけたい子にとっては、プログラミング「を」学ぶことが重要です。それに対して、どの子にとっても重要なのが、プログラミング「で」学ぶこと。プログラミングという最新のツールとその考え方を使って、ものごとを深く学ぶ体験です。

ほかの手段も活用して

絵画や工作など、ほかの手段をプログラミングと組み合わせると、より豊かな活動に

プログラミングを手段に

知りたいことやつくりたいものを目標に。そのためにプログラミングを活用する

論理的に考える機会に

手順を組み立てるとき、子どもは論理的に考える。思考力が伸びる

協力する習慣がつく

友達といっしょにとりくみ、教え合うことで、協力するのがうまくなる

自己表現が広がる

パソコンなどのツールによって表現の幅が広がる。自分のイメージを創造できる

夢や目標をもつ

「もっとこうしたい」と考え、その子なりの夢や目標をもつようになる

教科の理解を深める

プログラミングは教科の理解を深めるためにも役立つ

COLUMN

オバマもジョブズもすすめている

プログラミングに多くの人が期待している

プログラミング教育がこれからの社会には必要不可欠だということを、多くの人が語っています。

アップルやフェイスブックといった企業の創業者たちは、新しいツールによって考え方や可能性が広がること、それがけっして難しくないことを話しています。

アメリカのオバマ前大統領や日本の文部科学省といった政府からのコメントにも、プログラミングへの期待が表れています。

プログラミング教育は難しくありません。今日からスタートできます。ぜひとりくんでみましょう！


「遊ぶだけでなく、自分でつくってほしい。すべての人にプログラミングを学んでほしい」

バラク・オバマ（アメリカ前大統領）

「プログラミングはアイディアをカタチにする道具」

南場智子（DeNA 取締役会長）

「プログラミングは、楽器を弾いたりスポーツをしたりすることと変わらない」

ドリュー・ヒューストン（Dropbox 創業者）

「プログラミングを通じて、考え方を学んだ。誰もがプログラミングを学ぶべきだと思う」

スティーブ・ジョブズ（Apple 創業者）

「何億という人が日常生活の一部として使うものをつくる。想像するだけですごいこと」

マーク・ザッカーバーグ（Facebook 創業者）

「プログラミングは、これから世界共通の思考とコミュニケーションのもっとも有力なツールになる」

鈴木寛（文部科学大臣補佐官）

2

家庭で遊びながら学べるもの

家庭ではパソコンやタブレット、スマホを使えば、
いますぐにでも、プログラミング教育ができます。
遊び感覚ではじめられるものが多く、
親子で楽しみながらプログラミングの基本が学べます。
課題やテーマを工夫することで、
子どもの発想は大きく広がっていきます。
さまざまな方法を活用して、プログラミング教育をはじめましょう。

この章でわかること

- 家庭で今日から使えるソフト
- 民間教室ではどんなことをしているか
- 子どもに教えるときのポイント

試す

家庭では、各種ソフトで遊びながら学べる

すぐにスタートできる

家庭にパソコンやスマホ、タブレットがあれば、ソフトを使ってすぐにでもプログラミングをはじめることができます。

雑誌やウェブ記事のプログラミング特集で、ソフトが紹介されている。本書も次の28ページに一覧図を掲載している

すぐに使えるものがある

幼児でもすぐに使えるソフトが多数、配信されている。気に入ったものを選んでスタート！

遊び感覚で試せる

遊び感覚で試せるものが多い。ムービーやゲームの製作などを通じてプログラミングが体験できる

すぐに試せてしかも楽しい

家庭でプログラミング教育をはじめたい人は、次の28ページをみながら「スクラッチ」や「ビスケット」といったソフトをパソコンなどにインストールして、親子で使ってみてください。

とくに専門知識がなくても、アイコンをみながらいろいろと操作しているうちに、プログラミングが体験できます。

いくつかのソフトを試してみると、子どもの年齢や興味、経験に合ったものがみえてきます。それを使って遊びながら作品をつくれば、もうプログラミングはスタートしています。それくらい気軽に、楽しく実践できるのです。

「夏休みは家族全員でダイビングがしたい」ということをムービーで発表。候補地やそこでみられる生き物も子どもが調べた

遊びのなかで学べる

タブレットなどで使えるソフトはよく工夫されていて、子どもが遊びながらプログラミングを体験し、学べるようになっています。目的を決めれば、さらに豊かな学びになります。

目的を決めるとよい

親子で話し合い、「夏休みにしたいことをムービーで発表する」といった目的を決めれば、より豊かな学びになる

できることが増える

子どもは目的にそってイメージを広げ、それを形にする方法を探し、身につけていく。できることが増える

ツール利用の4つのポイント

子どもがパソコンやスマホ、タブレットを使いはじめると、そればかりに夢中になって、勉強などほかのことがおろそかになりそうだと心配する人もいます。

しかし、スマホなどはあくまでもツールです。はさみといっしょで、親がきちんと使い方を教えれば心配はいりません。

子どもにスマホなどを渡すときは、次の4つのポイントを頭においてみてください。目的やルールを決めておけば、ほどよく使えるようになります。

- 親子のコミュニケーションのツールとして使う
- 創造や表現のツールとして使う
- 使い方のルールを守りながら使う（親子でルールを決めておく）
- 外遊びや粘土遊びなど、ほかの遊びとのバランスをとりながら使う

試す

すぐに使えるプログラミングソフト・ツール

まずはいろいろ試す

子ども向けのプログラミングソフトやツールがたくさん、提供されています。それらの教材を年齢別に分け、整理してみました。あくまでも目安ですが、参考にしてみてください。

種類がいっぱいあるから、きっと楽しめるものがみつかるよ！

幼児～小学校低学年

プログラミングソフト

ScratchJr

34ページ参照

対象年齢は５歳から。
スマホやタブレットで
操作でき、初体験にぴったり

Hour of Code

Viscuit

Lightbot

ロボットなどのツール

キュベット
（木製プログラミングおもちゃ）

レゴ WeDo 2.0
（ロボット）

年代は目安です。また、どのソフトやツールも、該当の年代以降は中高生や大人まで、長く楽しめるものになっています。

子どもが興味をもてるものを

以下のように、プログラミングソフトやツールには多種多様なものがあります。図を参考にしながら、子どもに提案してみて、本人が興味をもって楽しめるものを使っていきましょう。

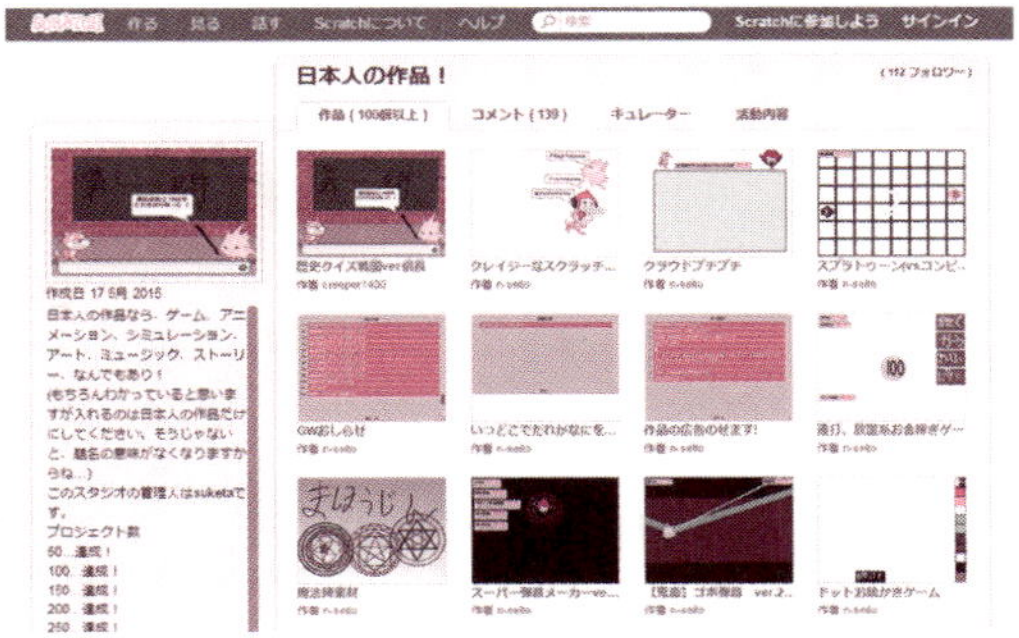

Scratchには利用者が作品を発表するウェブサイトがある

赤色のソフトは基本的に無料ですが、一部有料となる場合もあります。黒色のソフトやハードは有料です。ロボットの機材費などがかかります。
また、各ソフト・ハードの利用条件は変更される場合があります。利用する際には条件や費用を確認してください。

中学生

Xcode や Android Studio、App Inventor はスマホアプリをつくれる専門的なツール

Xcode

Android Studio

App Inventor

Processing

小学校中学年～高学年

対象年齢は 8 歳から。パソコンで操作。プログラミング教育でよく使われている

Scratch

42・62ページ参照

Minecraft

プログラミン

Computer CraftEdu

Pyonkee

アルゴロジック

スクイーク Etoys

Code Monkey

Swift Playgrounds

Tickle

MOON Block

教育版レゴ マインドストーム EV3
（ロボット）

38ページ参照

MESH
（電子タグ）

電子タグ MESH には動きや音、光などに反応するプログラムを組める

Arduino
（ロボット制御用の基板）

60ページ参照

Sphero
（ロボットボール）

試す

子どもはソフトでどんなことができるのか

アイコンを動かしてプログラミング

28ページで紹介したソフトの多くは、アイコンを動かしてかんたんにプログラミングができる「ビジュアルプログラミングソフト」です。子どもにもわかりやすく、しかも奥深いものになっています。

1

「Scratch」の画面。左上にキャラクターと場面が表示される

2

中央のアイコンを使ってプログラムを組む。アイコンにはキャラクターの動作を制御するもの、音を鳴らすもの、コスチュームなど表示を切り替えるものといった、さまざまな種類がある。それらを自由に組み合わせる

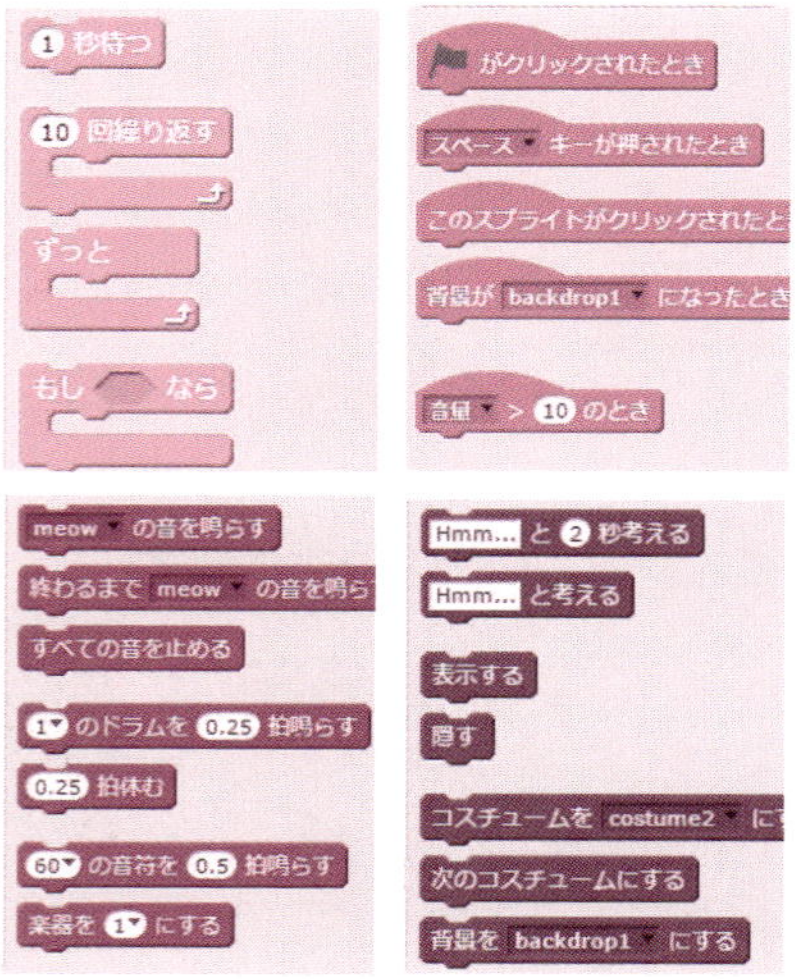

3

アイコンをパソコンのマウスでクリックして動かし、ひとかたまりのプログラムをつくっていく。この例は「10歩進むことをくり返して、はしに着いたらはね返る（戻ってくる）」という動きのプログラム

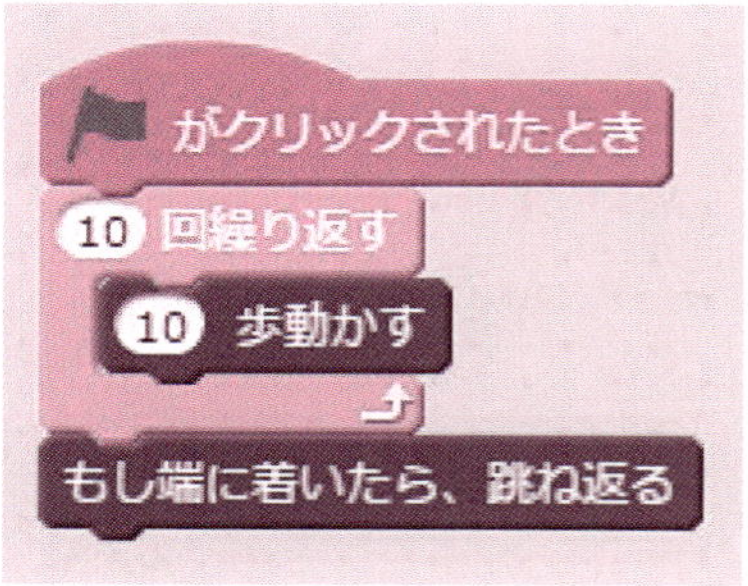

プログラムを試したり直したり

子どもはアイコンをさまざまに組み合わせて、キャラクターを動かそうとします。思い通りに動かなければ、アイコンを組み替えます。そうして、プログラミングを体験していくのです。

場面設定やプログラムがうまくできていたら、発想をさらに広げていく。動作を増やしたり、ゲーム要素を組みこんだりすることもできる。そうして子どもが楽しみながら試行錯誤し、論理的に考える経験ができる

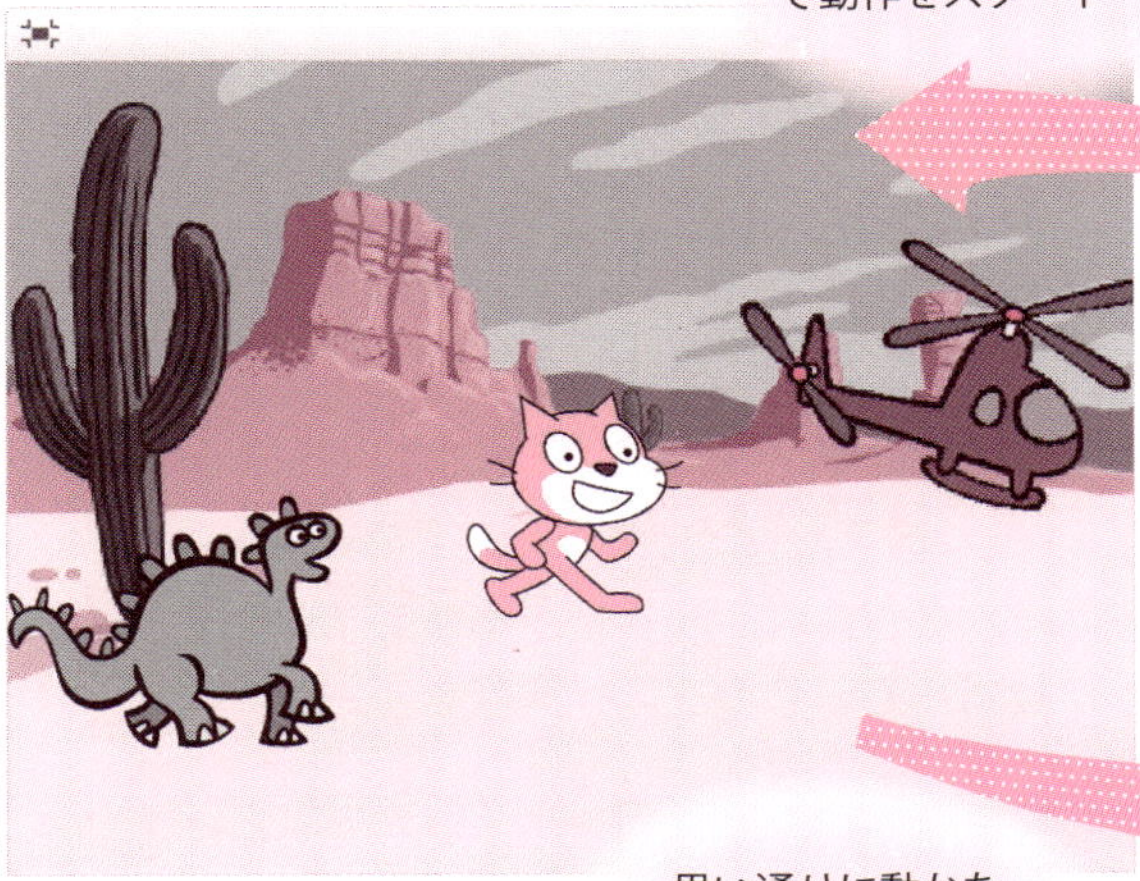

プログラムを組んだら、実行ボタン（旗のマーク）をクリックして動作をスタート

思い通りに動かなかったら、プログラムの内容を確認して、組み直す

ネコが恐竜（Dinosaur）から逃げ、ヘリコプター（Helicopter）に乗りこむという動作をプログラムしてみたもの。恐竜につかまったらネコが逆さになって（180度回転）消えてしまう（隠す）という動作を設定した

タイピングができなくても プログラミングができる！

子どもがはじめてとりくむ場合は、ビジュアルプログラミングソフトを使うとよいでしょう。アイコンを動かしたり、数字などを入力したりするだけで、かんたんにプログラムを組むことができます。キーボードのタイピングができなくても十分に楽しめるので、幼児からとりくめます。

機能が豊富で自由度も高く、かんたんなようで奥深い

ビジュアルプログラミングソフトの多くは、アイコンを動かすというシンプルなしくみでありながら、豊富な機能をもっています。

音声や音楽を組みこんだり、ゲーム要素をとり入れたりすることもでき、子どもしだいで可能性は無限に広がります。かんたんでありながら自由度は高く、奥深いものなのです。

試す

民間教室で体験することもできる

ツールもスタッフもそろっている

家庭で親が子どもにツールを提供し、体験の機会をつくるのもよいのですが、より幅広く教えていきたい場合には、民間教室を利用するとよいでしょう。

教室の多くは都市部に集中していますが、近年は全国各地への展開も進んでいます。

民間のプログラミング教室には各種のツールがそろっていて、子ども向けのカリキュラムが体系的に組まれています。そしてプログラミングにくわしいスタッフがいて、質問もできます。

各種コースのなかから子どもが興味をもてそうなことを選び、体験を広げてみてください。

民間教室の選び方

左ページのように、さまざまな民間教室があります。教室によって展開しているコースが異なるので、子どもの興味に合わせて選びましょう。

子どもの気持ちを確認する。どんなことをしたいか、率直に聞いてみる

教室の展開しているコースを確認。アプリ、ゲーム、ロボットなど、さまざまな内容がある

教室の所要時間や月あたりの回数、課題の難易度なども確認。子どもに無理のないコースを選ぶ

無料の体験教室などに親子で参加し、子どもがコースの内容をどれくらい楽しめるか、確認してから選択しよう

主な民間教室

都市部を中心に、各地に教室を展開している民間教室を紹介します。下記の情報は概要です。詳細は各教室に問い合わせてください。

Tech Kids School

IT企業が運営する日本最大級の小学生のためのプログラミングスクール。スマホアプリや3Dゲーム開発など本格的なプログラミングが学べるのが特徴です。

http://techkidscamp.jp/school/

Life is Tech !

中学生・高校生を対象に、アプリ・ゲーム・ウェブサイト製作などを教えています。夏休みなどにはキャンプを開催。Tech Kids Schoolの兄弟校です。

https://life-is-tech.com/

TENTO

対象は小学生から高校生まで。プロのエンジニアが基本から応用まで長期的にサポートします。いつでも入会できる寺子屋方式です。夏休みには特別講座も開催しています。

http://www.tento-net.com

LITALICOワンダー

対象は年長から高校生まで。ロボット・アプリ・ゲーム製作と3Dプリンタ利用のコースがあります。一人ひとりに合わせたカリキュラム設計をしています。

https://wonder.litalico.jp/

スタープログラミングスクール

対象は年長から中学生まで。タブレットを使ったプログラミングからゲーム・アニメーション製作、ロボットプログラミングまで幅広く展開しています。

http://www.star-programming-school.com/

NPO法人CANVAS

本書の監修・取材協力のグループです。幼児から幅広い年齢の子どもを対象に、プログラミングなど、さまざまなものづくりのワークショップを展開しています。子どもにものづくりを教えたい大人向けの研修講座もあります。

http://canvas.ws/

CoderDojo

対象は小学生から高校生まで。日本に88ヵ所以上、世界に約1,200ヵ所ある非営利のプログラミング道場です。子どもどうしで主体的に学び合う場で、ボランティアスタッフが学習をサポートしています。

https://coderdojo.jp/

ヒューマンアカデミーロボット教室

対象は年長から高校生まで。ロボットを製作し、プログラミングして動かすコースが中心です。小学校高学年以上の子にはロボット工学の基礎を学ぶコースも展開しています。

http://kids.athuman.com/robo/CI/

レゴスクール

7歳からプログラミングのコースを提供しています。レゴブロックを使ってさまざまなロボットをつくり、プログラミングして動かします。夏は短期集中のキャンプも開催しています。

http://www.LEGOschool.jp/

実例紹介

幼児向け「はじめてのプログラミング」

イベントの概要

ギャラクシティ主催のプログラミング体験講座「めざせ！ ちびっこプログラマー」です。対象は幼児から。iPad で ScratchJr を使用。教室は 2 時間開放されていて、親子が好きな時間に入り、好きな時間に出ていける形式でした。

1 ソフトの説明

子どもが数人集まったところで、スタッフがソフトやツールの使い方を説明しました。説明は 5 分程度で概要だけ。子どもたちはあきずに聞いていました。

最初にソフトとこの日の講座の概要をかんたんに説明

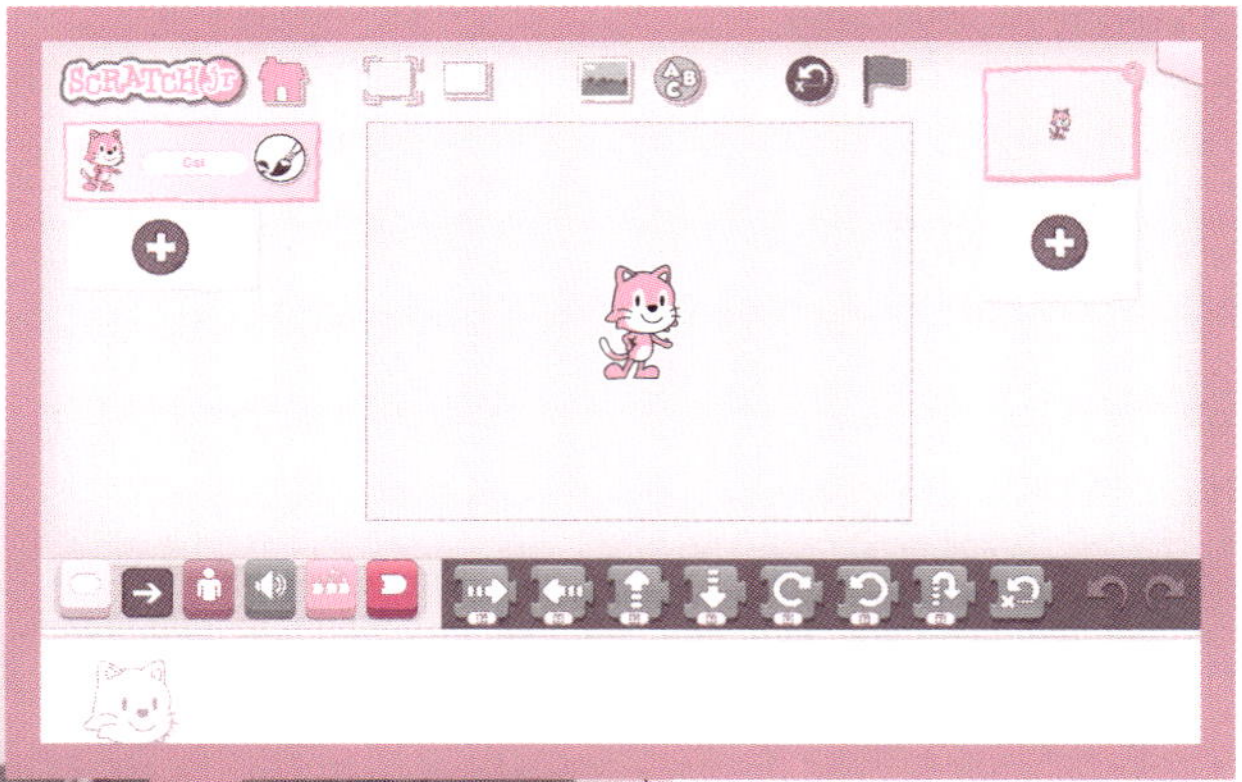

幼児向けのビジュアルプログラミングソフト「ScratchJr」を使用。アイコンでキャラクターに指示が出せるという操作方法を最初に説明する

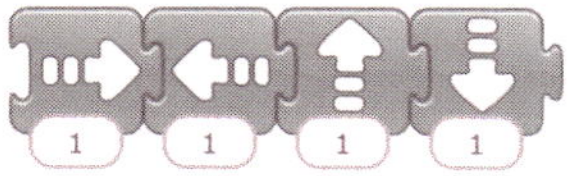

キャラクターが右、左、上、下に進む

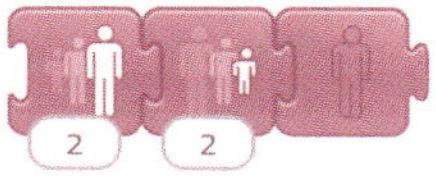

キャラクターが拡大して縮小し、消える

旗でスタート、右に進むことをくり返す

かんたんなプログラムの見本を示し、それをマニュアルとして、子どもにプログラムを組んでもらう。そして キャラクターを実際に動かしてみる

手取り足取り教えなくても、子どもはいろいろと試しはじめる

2 さっそく実践！

子どもはそれぞれ1台のiPadを持って、さっそくプログラミングをスタート。かんたんなマニュアルをみながら、操作していきます。

次のページへ続く

基本の操作から
次のステップへ
進むためのヒントは
次のページへ！

POINT

家庭で実践する場合

家庭では、マニュアルを用意しなくても、親子でいっしょに実践しながら、適宜インターネットなどで操作方法を調べれば、十分にとりくめます。親もソフトを使って楽しんでみることをおすすめします。

46ページ参照

協力：NPO 法人 CANVAS、株式会社セールスフォース・ドットコム

実例紹介

はじめてのプログラミング

親は子どもの隣で、プログラミングの様子を見学

POINT

テーマを設定する

ソフトの自由度が高いため、ただ「自由につくってみよう」と言うだけでは、子どもがとりかかりにくい場合もあります。大人が「パーティ」「ジャングル」などのテーマを提案し、選んでもらうとよいでしょう。

48ページ参照

3 自由制作へ

子どもが基本的な操作に慣れてきたら、自由制作をスタート。キャラクターや背景を自由に決め、思い思いに動かします。

前のページより続く

スタッフの声

大事なのは決めつけないこと。「こうするんだよ」と教えるのではなく「なにがしたいの？」と聞いて、話し合います。

子どもがつくるものを決めきれず、なかなかとりかかれないときには、3つ程度のテーマを選択肢として示しています。

テーマを提案すると、
自由制作が
広がりやすいよ！

「パーティ」をテーマにして背景やキャラクターを設定し、動きをプログラミングした作品。30分〜1時間程度で発表まで体験できた

POINT

作品をみせてもらったら、子どもにいちばん工夫したところはどこか、聞いてみましょう。そうして質問することで、子どもはじっくりと考える機会をもてます。

50ページ参照

4 モニタで発表

テーマにそってキャラクターや背景、動きをプログラミング。作品が完成したら、希望者は最後に大型モニタで発表します。拍手喝采です。

このイベントの開催場所

ギャラクシティ

この講座は子どものための複合体験型施設「ギャラクシティ」内で開催されました。ギャラクシティではほかにもクライミングや天体観測、料理、アニメづくりなど、さまざまなことが体験できます。プログラミングと合わせて楽しみましょう！

http://www.galaxcity.jp/

施設内には大きなクライミングウォールもあり、運動も楽しめる

実例紹介

小学生向け「プログラミング＋ロボット製作」

イベントの概要

NPO 法人 CANVAS 主催の講座です。通年開催のものづくりワークショップ教室「キッズクリエイティブ研究所」で実施されました。対象は小学生。電子タグ MESH をとりつけたかんたんなロボットをつくり、動作をプログラミングしてレースをしました。

1

ツールを説明

最初にスタッフが講座の概要を話します。この日は MESH というツールを使うため、まずはその説明からはじまりました。

このイベントで使ったツール

MESH

ブロック状の電子タグ。ぜんぶで 7 種類あり、それぞれが「明るさ」「動き」など異なるセンサーをもっています。それらの機能をインターネットと連携させることができ、MESH の「動きタグ」が動いたらスマホにメールを送るといったしくみがつくれます。

https://meshprj.com/jp/

タグは札という意味。MESH は消しゴムくらいの小さな札のようなもので、家具などに設置すると、その家具に電子機能をひとつ、つけたすことができる

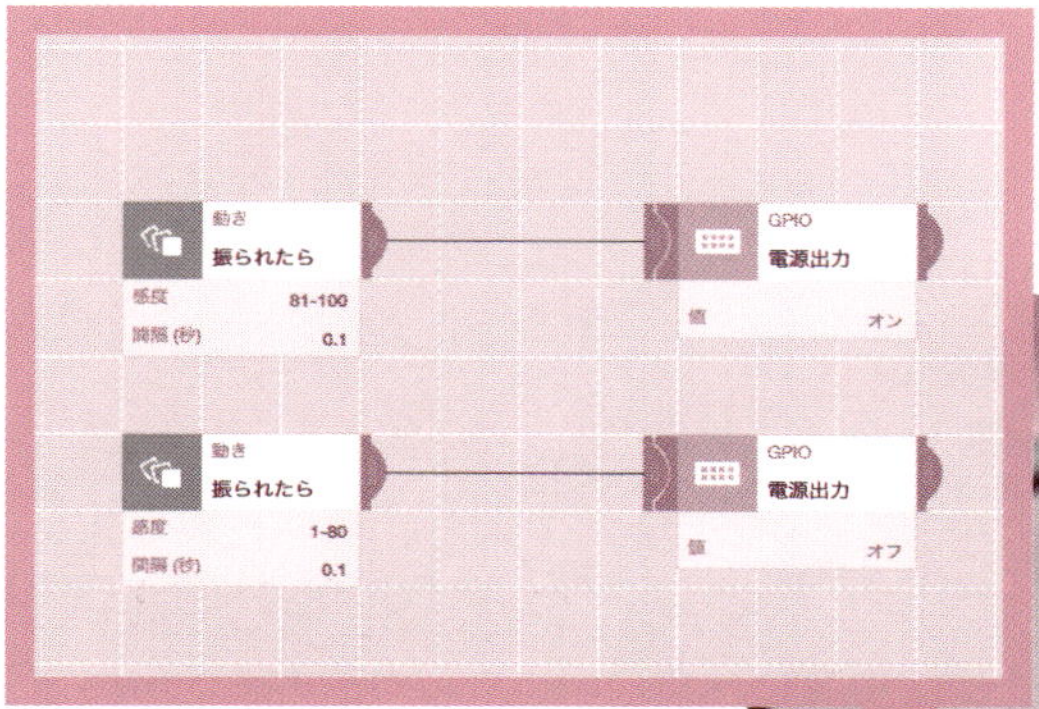

iPad で MESH アプリを開き、「動きタグ」を振ることで「GPIO タグ」が作動し、モーターが回るというしくみを設定。アイコンを指先で動かすことで、かんたんにプログラミングができる

今回のロボットの本体は、モーターとそれを回転させる「GPIO」という種類の MESH タグ。このタグは機器を動かすことができる

2 プログラミング

基本的な説明が終わったら、子どもたちは 5 ～ 6 名ほどのチームに分かれ、iPad 上の MESH アプリを使って、MESH の動作をプログラミングしていきます。

次のページへ続く

POINT

MESH の「人感タグ」を入り口に設置して「子どもが帰宅したら親のスマホにメールが届く」というしくみもつくれる

家庭で実践する場合

この日は動きを感知する「動き」、機器などを動かす「GPIO」という 2 種類の MESH タグを使いました。MESH にはほかにも「人感（人の動き）」「明るさ」「温度・湿度」を検知するもの、「LED」を光らせるもの、「ボタン」を通じて指示を送るものがあります。家庭では、各種の MESH を使って家具に新しい機能をつけたす遊びができます。

実例紹介

プログラミング＋ロボット製作

細長い消しゴムを
プロペラに
本体はコップや
段ボールで
コップの上に
MESHの「GPIOタグ」と
モーターを配置

モーターの回転軸に消しゴムなどをとりつけてプロペラに。子どもが「動きタグ」を振ることで「GPIOタグ」が反応し、モーターが回転してロボットが動く

プラカップを本体にして、色紙や厚紙、ストロー、紙皿などでロボットをつくる

3 工作スタート

MESHアプリでプログラミングが完了したら、「GPIOタグ」とモーターを使ってロボットをつくります。形も材料も自由。子どもたちの発想がふくらみます。

前のページより続く

少し組み立てては、試しに走らせ、形をつくり直す。試行錯誤が続く

POINT

プログラムを調整する経験に

「動きタグ」を動かしてもロボットがあまり動かないときには、プログラムを調整したり、ロボットの構造を変えたりします。そうしてプログラムを確認・調整する経験も大切です。

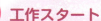

5m ほどのコースの上をロボットが走っていく。動力は小さなプロペラだけだが、素早く完走するロボットも！

完成したロボット。紙皿や箱でつくっているので、飛行機や船のような形のものが多かった

4 レースにチャレンジ

1 時間ほどで各チームのロボットが完成。「動きタグ」を振って走らせます。思い通りに走るものもあれば、なかなか動かないものも。優勝したチームは大喜びです。

37 ページと同様に、最後に子どもにいちばん工夫したところを聞いてみると、考える時間がつくれる

スタッフの声

工作中にも走行を試せるように、最初からコースを設置しておきます。トライアンドエラーを体験できます。

レース後には子どもに工夫した点を聞きます。作業を振り返り、自分の言葉で説明することが、その子にとって大きな学びとなります。

スタッフは速く走らせるためのコツを知っていますが、あえて教えません。ヒントを出すくらいです。子どもが自分で気づくのを待ちます。

協力：ソニー株式会社　MESH プロジェクト

実例紹介

小学生向け「マインクラフトでグループワーク」

イベントの概要

NPO 法人 CANVAS など複数の団体が協力して開催したワークショップ。熊本地震の復興支援の一環としておこなわれました。スタッフが熊本城を Minecraft: Education Edition で再現し、その周辺に子どもたちが「未来のまち」の仕事やお店を表現しました。

パソコンで Minecraft を使用。5 ～ 6 名がひとつの世界に入り、建物をつくっていく

1 基本を実践

最初にスタッフがこの日の流れを説明。子どもたちはグループに分かれ、Minecraft を使って、ソフトにあらかじめ用意された「真っ暗な家」で基本的な動作を実践しました。

2 アイデアを出し合う

基本的な動作がわかったところで一度パソコンを離れ、図書室へ。「未来のまち」をどんなものにするか、本を使って調べながら相談です。

「商品がすべて自動販売機に入っているコンビニ」など、さまざまなアイデアが出た

POINT

テーマ「未来のまち」と、ソフトの基本的な動作が理解できたところで、考える時間をもうけました。この時間に想像が大きくふくらみます。

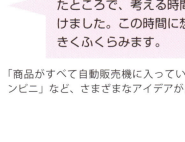

中央にみえるのがスタッフが制作した熊本城。忠実に再現してある。その周囲に、子どもたちのつくった未来の仕事やお店が並んでいる

未来のコンビニ。自動販売機でビーフ・ポーク・チキンなどさまざまな肉を販売

未来のお花農家。子どもたちは室内でも室外でも育てられるしくみを考えた

3 自由制作

相談に続いて、いよいよ制作です。ここからは個人でとりくんでも、グループで協力してもよい時間。1時間半、思い思いの「未来のまち」をつくり上げていきました。

4 発表と質疑応答

最後に作品を発表。発表者はスタッフやほかの子から「どんな仕事？」「この作品にはどんな機能があるの？」といった質問を受けて答えました。

スタッフの声

大きな建物をつくろうとして、子どもたちは自然に役割分担し、協力しはじめます。グループワークのよいところです。

まちのシンボルとして熊本城をつくり、それをきっかけに未来のまちについて考えました。

Minecraftがはじめての参加者も多いので、窓のない真っ暗な家に窓や明かりを加えながら、遊びのなかで基本的な動きを覚えていけるように工夫しました。

※熊本城を作成したのはMicrosoft Student Partnersの玉木英嗣さん。子どもの頃からプログラミングを学んできた玉木さんは、その経験や知識を子どもたちに伝えています。

家庭では

感じる・考える・つくる・伝えるを意識する

「楽しかった」の次は？

プログラミング体験の機会をつくることはかんたんです。しかし、それを一度かぎりの楽しい思い出で終わらせず、次につなげることが大切です。

プログラミング体験

家庭でソフトを使ったり、民間教室に参加したりして、子どもにプログラミング体験の機会をつくる

感想は「楽しかった」

機会をつくり、やり方を伝えれば、はじめての子でも十分に体験できる。感想を聞くと「楽しかった」と答える

次につながらない

最初は楽しめていたようなのに、その後、子どもがそれほど積極的にはとりくまなくなる場合がある

せっかく「楽しかった」のに、もったいない！

楽しい体験を次の学びにつなげていく

ここまでに解説した通り、親が子どもにプログラミングを教えこむ必要はありません。体験できる機会をつくれば十分です。

ただし、その体験が単純なマニュアル作業になっていると、一見楽しめているようでも、豊かな遊びや学びにはつながらない場合があります。

家庭や民間教室で体験を積み重ねていくときには、一つひとつの体験を通じて子どもが自分で考え、自分でものをつくれるように、サポートしていきましょう。

親が左図のサイクルを意識していると、体験が次の学びにつながりやすくなります。

学びのサイクルを意識する

子どもの意欲を次につなげていくためには、「感じる・考える・つくる・伝える」というサイクルを意識するとよいでしょう。とくに大切なのは「つくる」です。子どもはものをつくって自分の考えを形にしたとき、そしてそれを人に伝え、フィードバックを得たときに、もっと考えよう、もっとつくろうとしはじめます。

感じる

体験や相談を通じて、子どもは「プログラミングでなにができるのか」といったことをいろいろと感じとる。親も同じソフトを使っておくと、子どもの感じ方が理解しやすい

伝える

形にしたものを人にみせる。そして意見を言ったり聞いたりする。そのやりとりを通じて、またいろいろと感じとる。家庭では、親子で作品について話し合うとよい

50ページ参照

考える

いろいろと感じるなかで、子どもは「こうすると、どうなる？」「こうするためには、どうすればいい？」と考えはじめる。親が説明しすぎないほうがよい

つくる

感じたこと・考えたことをもとにして、ものをつくる。そうして「自分の考えを形にすること」が重要。それがうまくできない子にはテーマを設定したり、「なにをつくりたい？」などと質問したりして、助け舟を出すとよい

48ページ参照

子どもが「ものづくり」に意欲をもち、自分から考えや体験を深めていく

家庭では

親も子どもと同じソフトで遊んでみる

同じ課題にチャレンジ

子どもがソフトやツールを使ってプログラミングを楽しんでいる場合には、親も同じものを使って、同じ課題に挑戦してみましょう。

絵を描いたりアイコンを動かしたり、作業はどれもかんたんそうにみえる

子どもの様子をみる

課題の詳細を知らない親には、子どもがプログラミングをする姿が、かんたんなことにみえる場合もある

同じようにやってみる

子どもに内容を聞いたり、民間教室のレジュメを参照したりして、子どもと同じ課題にとりくんでみる

子どもの成長がわかり、いっしょに楽しめる

家庭でプログラミング教育にとりくむ場合、親は子どもの活動をながめているだけでなく、自分でもソフトを使ったり、プログラムを考えたりしてみましょう。

子どもと同じ課題を体験することで、子どもの感じていることやその子の成長が理解しやすくなります。また、子どもの相談にのることもでき、プログラミングをいっしょに楽しめます。

ただし、ソフトにくわしくなると、子どもに口出しをしたくなる場合もあるので、要注意です。同じ体験をするのは、子どもを監督するためではありません。あくまでも理解のためにしましょう。

親が思っていた以上に難しく、反対に子どもから教わることもある

プログラミングへの理解が深まる

課題を体験すると、子どもの感じている楽しさや難しさが理解しやすくなります。プログラミングに対する理解が深まり、子どもと具体的にやりとりできるようになります。

理解が深まる

楽しさがわかる

プログラミングでできること、その楽しさがわかる。子どもの想像力の豊かさに気づく

難しさもわかる

思い通りにプログラムを組むことの難しさもわかる。子どもの能力の高さを知る

いっしょに考えられる

子どもが作業にいきづまったとき、いっしょに考えられる。質問にも答えられる

難易度を調整できる

ソフトの機能や設定がわかれば、それをもとに、課題の難易度を調整することもできる

課題にとりくむと、子どものやり方よりもじょうずな方法に気づいてしまう場合もあります。しかし、それを安易に教えては、子どもから考える機会を奪ってしまいます。教えることはひかえ、ヒントを出す程度にしましょう。

家庭では

テーマを提案すると想像が広がりやすい

指示が 0 でも 100 でもやりにくい

プログラミングは自由度の高い活動です。なにをしてもよいという指示では、子どもはなかなか手がかりがつかめません。反対にこまかく指定すると、今度は自由なはずの活動に規制がかかり、やはり子どもが困ってしまいます。

なんでもつくれるので、「あれもいい」「これもいい」などと考えこんでしまう

テーマなしで自由に

どんな形や動きも組み立てられるのがプログラミングのおもしろいところ。しかしテーマがなく、指示がゼロでは選択肢が多すぎて、スタートしにくい子もいる

指示が少なすぎるのも多すぎるのも、考えもの。
その子らしい活動になっていかないことがある

細部まで指定あり

プログラムの詳細からその組み立て方まで、なにもかも指示されたのでは、ただの単純作業になってしまう。プログラミング的な思考は働かない

見本の通りに組み立てていくだけでは、自分の考えを形にする機会にはならない

「未来の遊園地にある乗り物」をテーマにして、その乗り物の形と動きを組み立ててみる

テーマが子どもの想像を加速する

プログラミングは想像力をフルに発揮できる活動ですが、その自由度の高さに子どもが悩んでしまうこともあります。

そのときはテーマを設定し、考えるきっかけを用意しましょう。テーマがあることで発想しやすくなり、子どもの想像力がかえって加速することがあります。

きっかけを与えるとよい

子どもに「やりたいこと」「つくりたいもの」がないときには、親が３つ程度のテーマを示して、そのなかからひとつを選んでもらうとよいでしょう。そのテーマが創作活動のきっかけとなります。

テーマを提案する

「遊園地」「レストラン」「駅」などのテーマを示し、子どもに好きなものを選んでもらう。そのテーマと関連した動画や動き、音楽などをつくる

想像が広がりやすくなる

テーマが軸となり、プログラミングソフトやツールの使い方を検討しやすくなる。「回る動きをジェットコースターに」といった具体的な発想が生まれる

提案のヒント

子どもが知っている具体的なものをテーマにするのがポイントです。

- クリスマスパーティなどの行事
- 海や山などの生き物
- 子どもの好きなキャラクター
- サッカーなどのスポーツ
- 魔法使いなどの物語世界

親向けアドバイス

質問を工夫して、子どもの想像力を引き出そう

質問のコツは3つ

子どもが悩み、作業が止まっていたら、親が質問を投げかけましょう。ちょっとした問いかけによって、子どもの考える力や想像力が引き出されます。

登山にたとえるなら、どのルートを登るか悩んでいる子に、みたいものをたずね、ルートをいっしょに考えるようなもの

コツ1

希望を聞く

最初の一歩が踏み出せずにかたまっている子には、好きなものやしたいことを聞いてみましょう。それがきっかけとなって、子どもの想像力に火がつくことがあります。

○○ちゃんはなにが好き？

今日はなにをしたい？

山頂まで登れたらまずはその成果を喜び合い、そしてもっとしたかったこと、次にしたいことを話し合おう！

コツ2 工夫を聞く

子どもが作品をつくっているときや完成させたときには、工夫した点をたずねてみましょう。質問によって子どもは自分の考えを振り返り、自分の言葉で説明しようとします。その体験が子どもの考える力を育てます。

いちばん工夫したのはどこ？

どんなふうにしてみたの？

登山でいえば「坂道で転ばないように注意した」「弟や妹のペースに合わせて歩いた」といった工夫を、子ども自身の言葉で話してもらう

コツ3 目標を聞く

最後に、その日の目標を達成できたか、聞いてみましょう。さらに、今後の目標をいっしょに考えるのもおすすめです。子どものモチベーションが高まり、学びが次につながっていきます。

「もっとこうしたかった」っていうところはある？

次はどんなことをしてみたい？

祖父母と話すのもおすすめ

親は子どもの作業の様子をよくみているため、質問する前から工夫しているポイントがわかってしまうことがあります。

そういうときは、祖父母や親戚など、同居していない親族に子どもの作品をみせ、感想を聞いてみるのもよいでしょう。「キャラクターはしゃべらないの？」といった素朴な質問、新たな視点からの話が出て、子どもに意外な気づきが生まれることもあります。

COLUMN

タブレット・パソコン・スマホ管理のコツ

子ども本人が管理してみるのもよい

子どもにタブレットなどの機器を渡しておくと、プログラミング以外の機能にも興味をもち、いろいろと遊びはじめます。しかし、そこで親が規制をもうけると、子どもの遊びにブレーキをかけてしまう場合があります。

アプリの追加や課金などには機能制限が必要ですが、機器の基本的な使用については、過度に制限しないほうがよいでしょう。むしろ、機器本体の持ち運びや電源・電池・ケーブル類の管理なども本人が体験してみたほうが、より実践的な学びにつながります。

ある程度のルールをつくったら、あとは子どもが自由にとりくめるようにする

子どもがものづくりに全力でとりくめるように、環境を整えたい

そのために必要なことを親子で考える
（以下は一例です）

アプリや機能は親が選別。子どもが追加したがったときは、相談して決める

使用時間を決める。食事や入浴などほかのことに影響しすぎない程度にする

「プログラミング関連の作業」など、機器の使用目的を具体的に決めておく

3 小学校での実践がはじまっている

文部科学省が 2017 年に新しい学習指導要領の概要を公示し、2020 年度から小学校の授業にプログラミングをとり入れることを明確に示しました。子どもがプログラミングを体験しながらプログラミング的思考を身につけることが、ひとつの目標となります。すでに一部の学校では、プログラミング教育がはじまっています。プログラミングによって授業はどう変わっていくのでしょうか。先進的な実践例から、多くのことが学べます。

この章でわかること

- 学校でのプログラミング教育
- 授業にとり入れるときのポイント
- 学校の先生がいまできること

学ぶ

小学校では2020年度から授業がスタート

2020年度に向けて、プログラミング教育関連の研修や会議が増えている

いまはまだ準備期間

文部科学省が2017年に新しい学習指導要領を公示し、2020年度から小学校でプログラミング教育を必修化することを明らかにしました。いま学校ではそのための準備がはじまっています。

すでに実践中の学校も

以前からプログラミング教育に注目し、先進的にとりくんでいる学校もある。そうした学校の授業がモデル事例として参考にされている

学習指導要領に

社会の変化を受けて、新しい学習指導要領にプログラミング教育が登場。今後は小学校の授業にとり入れられることに

導入が決まり、準備がはじまっている

日本の幼稚園や小学校、中学校、高校は、文部科学省の公示する「学習指導要領」にのっとって、授業や指導方針を考えています。

その学習指導要領にプログラミング教育がとり入れられ、小学校での必修化が明言されたため、全国の学校で、そのための準備がはじまりました。一部の地域の先進的な事例などを参考に、各校で設備環境の見直しや研修会の実施などが進んでいます。

学習指導要領では、プログラミングを導入する教科やその内容は定められていないので、今後、学校ごとに特徴のあるとりくみが展開されていきそうです。

校内のパソコン室を使って、プログラミングの実践と作品の発表などを授業にとり入れている学校もある

2020 年度から全教科に

プログラミング教育は、ひとつの教科として独立するのではなく、国語や算数など従来の教科のなかで実践されます。子どもはプログラミングの基礎を体験しながら、各教科の内容を学びます。

2020 年度にスタート

2017 年度が周知徹底の期間、2018 ～ 2019 年度が移行期間となり、2020 年度からすべての小学校で、プログラミング教育をとり入れた授業がスタートする

準備や実践が進んでいる

先進的な事例などを参考にして、各地でプログラミング教育の準備やテスト的な実践が進んでいる

小学校の課題

●実践例がまだ少ない

数年前からプログラミング教育への関心が高まっていますが、小学校には専任の教員がいないこともあり、実践例がまだ少数です。

そのため、参考にできる授業例や指導案が少なく、なかなか導入にふみきれないという、現実的な課題があります。

→公立小学校の事例は60ページへ
→私立小学校の事例は62ページへ
→指導案のつくり方は66ページへ

●機材や教材、設備の不足

設備環境面の課題を抱えている学校もあります。プログラミング教育の授業案を考えたときに、機材や教材が物理的に不足していたり、ネットワーク環境が不十分だったりして、すぐには授業を実施できない場合があるのです。20年度に向けて、学校全体で設備環境を見直すことも大切です。

学ぶ

中学校・高校では部分的におこなわれている

技術・情報分野で実践中

小学校ではまだ準備段階ですが、中学校や高校では以前からプログラミングの授業がおこなわれています。ただし、一部教科での専門的な教育となっています。

中学校では技術・家庭科で

2012年度から「技術・家庭科」の授業で「プログラムによる計測・制御」がおこなわれている

高校では情報で

「情報」の授業で学校や生徒が「情報の科学」を選択した場合に、その一部でプログラミングの実践がおこなわれている

中学校では計測・制御の基本的なしくみを学んだり、かんたんなプログラムをつくるなどの学習がおこなわれている

小学校よりも実践的な教育に

中学校や高校では、プログラミング教育がすでにおこなわれています。技術・家庭科や情報といった一部教科で、実際にプログラムを組む授業などがあります。

今後はプログラミング関連の内容がさらに増え、情報を活用して社会の問題を考えるといったとりくみもおこなわれる見込みです。中学校や高校でも、準備がはじまっています。

子どもたちは今後、小学校の各教科でプログラミングの基礎を体験し、中学校や高校では特定の教科で、より実践的な内容にとりくむというように、段階をふんで学習していくことになります。

中・高ともに、より実践的な内容に

新しい学習指導要領では、中学校・高校ともにプログラミング関連の内容が増えています。どちらも現在の生活に即した、より実践的な内容になります。

中学校ではコンテンツも

引き続き技術・家庭科での実践。従来の「計測・制御」に加えて、ネットワークを利用した双方向性のあるコンテンツをプログラミングする授業もスタート

中学校では2021年度から、高校では2022年度から、新しい授業が実施される見込みです。小学校とは実施のスケジュールが異なります。

高校ではシステムまで

引き続き、情報での実践。選択科目ではなく、必修科目のなかにプログラミングがとり入れられる。また、より応用的な選択科目も。内容は情報コンテンツのとり扱いからネットワーク、データサイエンス、システムの活用まで、実践的なものが多い

自分たちでウェブサイトをつくり、問題を見出して課題を設定。情報コンテンツなどのプログラムによって、その課題の解決にとりくむ

中学校・高校の課題

●実施時間が少ない

プログラミング教育が実施されているとはいっても、中学校でも高校でも、年間に数コマ程度の実施にとどまっています。実施時間が少なく、学びを深めていくのが難しいという課題があります。

●小学校からの発展が重要に

今後、小学校では各教科にプログラミングがとり入れられます。子どもたちはプログラミングを体験しながら、教科の内容を学んでいきます。

そのように幅広く体験する段階から、中学校に入って次の段階に進むと、プログラミング関連の学習が大きく変わります。教科は基本的には技術・家庭科となり、内容がより実践的になります。

小学校から中学校への発展がスムーズに進むように、先生たちが学校間で連携をとり、授業を調整することが重要になってきます。

学ぶ

特別活動や部活動で体験できる地域もある

特別なとりくみとして

小学校や中学校、高校では、クラブ活動や学校行事といった特別活動や、部活動などでもプログラミングが体験できる場合があります。ただし、各校の設備環境などによって実施の状況が異なり、学校ごとの違いが大きくなっています。

部活動で

中学校や高校の部活動で、プログラミングが体験できる学校もある。設備や活動内容は学校によって異なる

特別活動で

小学校高学年でのクラブ活動や、小・中学校の学校行事など「特別活動」の枠組みでプログラミング教育にとりくんでいる学校もある

そのほかの枠で

私立の学校では、社会情勢に合わせて、特別にプログラミングの授業を組み立てているところもある

先進的な実践をはじめているところも

教科学習とは別に、クラブ活動や学校行事などにプログラミングをとり入れ、体験の機会をつくっている学校もあります。

小学校のクラブ活動としてプログラミングを選択できるようにしている例や、特別活動の枠組みでプログラミング教育をおこなっている例などがみられます。

なかには、地域のプログラミング教室と連携し、２０２０年度の必修化に向けて先進的な実践をはじめている小学校もあります。

必修化を先々のこととせず、いま在籍している子どもたちにも学びの場をつくろうとしている先生たちもいるのです。

今後ますます期待される

教科学習のなかでのプログラミング教育と並行して、特別活動などでもプログラミングを扱うことができれば、先生も子どもたちも、より豊かに学んでいけます。特別活動などの活用にも期待がかかります。

新しい学習指導要領で、特別活動や部活動でのプログラミング教育について、とくに規定していることはありません。その点は学校や先生の裁量にまかされています。

特別活動で外部講師を招いたときには、先生はいろいろと質問し、プログラミングの特徴を聞いておきたい

教科学習と連携できる

特別活動などでの体験を、教科学習にもいかしていける。ソフトやツールを使った学び方などを、先生どうし・子どもどうしで共有できる

特別活動などの課題

●くわしい先生に頼りがち

学校内にプログラミングへの関心が強い先生、ソフトやツールにくわしい先生がいると、特別活動などでの実践が進みやすくなります。しかし、学校も子どもたちもそうした先生に頼りがちになってしまい、特定の先生の負担が増えるという課題があります。

●地域との連携が重要に

特別活動や部活動では、外部講師と連携することもできます。地域のプログラミング教室に協力してもらい、教え方や設備環境の整え方を学ぶのもよいでしょう。

授業を実践するのはあくまでも学校の先生ですが、先生だけで調べたり試したりせず、地域と連携すれば、負担が軽くなります。外部講師や保護者など地域の人に話を聞くことで、授業実践のヒントがつかめる場合もあります。

実例紹介

公立小学校でのプログラミング授業

学校の概要

茨城県古河市立大和田小学校での実践を紹介します。大和田小は文部科学省からプログラミング教育の実証校に指定され、2015 年度から先生・子ども全員に iPad を 1 台ずつ貸与。同年度から全教科でのプログラミング教育をスタートしました。

POINT

この学年区分は一例です。実践を続けるなかで、先生も子どもたちもプログラミングの活用に慣れていきます。知識や経験に応じて調整していきましょう。

小学 1 ～ 2 年生

低学年では、プログラミングの体験からスタート。Codeable Crafts などのビジュアルプログラミングソフトを使い、絵を描くような感覚で、プログラミングの基礎を学びます。

小学 3 ～ 4 年生

中学年になると、ScratchJr などのソフトに切り替え、より実践的にプログラミングを体験していきます。工作などの活動とプログラミングを組み合わせる授業もあります。

小学 5 ～ 6 年生

高学年ではソフトの Tickle やロボットボール Sphero などを組み合わせ、具体的なものへのプログラミングや操作を経験します。とりくみがより高度になっていきます。

大和田小は実証の成果を公開授業などで発表し、全国の学校に参考となる情報を還元している

図工の授業では児童がグループでロボットボール Sphero を使い、光と影の美しさを表現する課題にチャレンジ。自分たちの考えた動きをプログラミングし、音楽も組み合わせて発表した

授業の概要

大和田小では授業にプログラミングを活用するとともに、子どもたちが自分自身の言葉でその成果を発表することを重視しています。それによって、自分で考え、理解し、発表する力を育んでいるのです。

先生が説明

最初に授業の目標を説明する。そしてプログラミングソフトの使い方を大型スクリーンなどで画面をみせながら教える

子どもが実践

子どもたちはグループに分かれ、目標達成のためどのようなプログラムが必要か話し合い、紙に計画を書く。そしてプログラミングをはじめる

最後に発表

プログラミングとテストをくり返し、目標達成のために試行錯誤する。最後にグループごとに、プログラミングの結果を実践してみせ、どこを工夫したか、発表する

先生から一言

ねらいが大事です

ソフトを使ってキャラクターやロボットをただ動かすだけでは、教科学習になりません。学校でプログラミングを活用するときには、目標設定が重要です。授業のどの単元の、どの部分をプログラミングで学ぶのか、先生どうしでよく話し合ってください。

単科では目標や時間の設定が難しい場合には、総合的な学習と音楽、図工と生活科など、合科的な実践にするのもよいでしょう。

自分で考えられる子に

大人はソフトのマニュアルを示しがちですが、それでは子どもがあまり考えずにプログラミングをしてしまいます。説明を簡潔に済ませるとともに、子どもたちが計画を書いたり、成果を発表したりする機会をつくって、自分で考える力を育てています。

実例紹介

私立小学校でのプログラミング授業

小学1年生からロボットを授業に活用。その体験が高学年でのプログラミング授業につながる

学校の概要

京都市の私立立命館小学校では、以前からロボティクスをとり入れた授業をおこなってきましたが、それに加えて2016年度から、Minecraft: Education Editionというソフトを使って、パソコンでプログラミング教育をはじめました。

小学1～4年生

中学年までは教育版レゴ マインドストーム EV3を使って、ロボティクスを体験します。レゴブロックで車などをつくり、モーターで動かして動力と距離の関係を学ぶ授業などがあります。回転センサーなどのセンサーを使ったり、プログラムを組むこともあるため、これもプログラミング教育といえます。

小学5～6年生

高学年では、Minecraft: Education Editionを使ってグループワークをしています。「サステナブル（持続可能）な町づくり」といった目標を設定し、調べ学習をしたうえで、Minecraftの世界に各自の考えを表現する授業などがあります。

POINT

Minecraftのようにグループ全員がログインし、同時に使えるソフトを活用すると、ソフト上でグループワークができます。協力や役割分担を学ぶ機会にもなります。

校内のネットワーク環境を整備し、インターネットを使ったグループワークが展開できるようにしている

ソフトやツールを使ってどのようなことを学んでいくのか、授業の目標を説明する

授業の概要

私立小学校では授業を柔軟に設定できるということもあり、プログラミング教育を通年の授業として展開しています。ソフトやツールの基礎知識を説明することからスタートし、調べ物や話し合いもおこないながら理解と実践を進めていきます。

説明と実践

初回は授業の概要と、ソフトやツールの基本的な説明。「サステナブルな町づくり」といった、授業の目標を示す

次のページへ続く

先生から一言

子どもは想像を超えていきます

子どもはプログラミングソフトやツールの使い方を、大人が思っている以上に早く身につけていきます。そのなかで想定外の行動をとることもありますが、それもひとつの学びです。新しい学び方を実践している子どもたちとともに、私たち教員も学んでいきたいと思っています。

教員の腕のみせどころです

プログラミング教育は、新しいとりくみです。まだ授業例（カリキュラムの例）が豊富にそろっているわけではありません。現場の教員が先進的な事例なども参考にしながら工夫して、授業をつくっていくことになります。教員にとってはチャレンジでもあり、チャンスでもあります。

POINT

子どもたちからたとえば「太陽光発電」がサステナブルだという意見が出たら、それについて調べ物をしたり、設計図を書いたりすることも、提案しています。そうして太陽光発電のしくみを考えたり、理解したりする時間も大切です。

エージェントにブロックを設置する動きをプログラムし、階段をつくらせているところ。このような見本を子どもたちにみせて、プログラミングの活用法を説明していく

前のページより続く

子どもが実践

「サステナブルな町づくり」という目標を理解して、Minecraftを使いはじめる。ソフトを使って町づくりにとりくみ、サステナブルとはなにか、考えていく

考える授業も

ソフトを使わずに、図書室などで調べ物をする日もある。サステナブルな町を調べたり、グループで相談したりする

サステナブルな町に必要なものを調べたり、話し合ったりする時間もとっている。この時間にもプログラミング的な思考が働く

ソフトのなかで建物や道路をつくって、サステナブルな町を具体的に考えていくよ

Code Builder という機能を活用し、プログラミングによってエージェントを動かしながら町づくりにとりくんでいく

さらに実践

調べたこともふまえて、実践を積み重ねていく。通年の授業なので、1回の授業ではつくりきれない課題にも挑戦できる

この授業で使ったソフト

Minecraft: Education Edition

Minecraft はパソコンやタブレットなどで遊べるゲームです。キャラクターを操作し、ブロックでさまざまなものを組み立てて遊ぶもので、子どもに人気があります。

そのシステムを教育向けに調整したものが Education Edition です。先生がソフト上で課題を説明し、子どもたちがそれをみて、グループワークで課題にとりくむことができます。この教育版では Code Builder という機能を使ってプログラムを組み、エージェント（ソフト内のロボットのようなもの）を制御することもできます。プログラミング体験をしながら世界を創作し、多様なことをシミュレートできるため、さまざまな教科に活用できます。

http://aka.ms/mceej

MakeCode というソフトを連携させ、プログラミングをすることができる

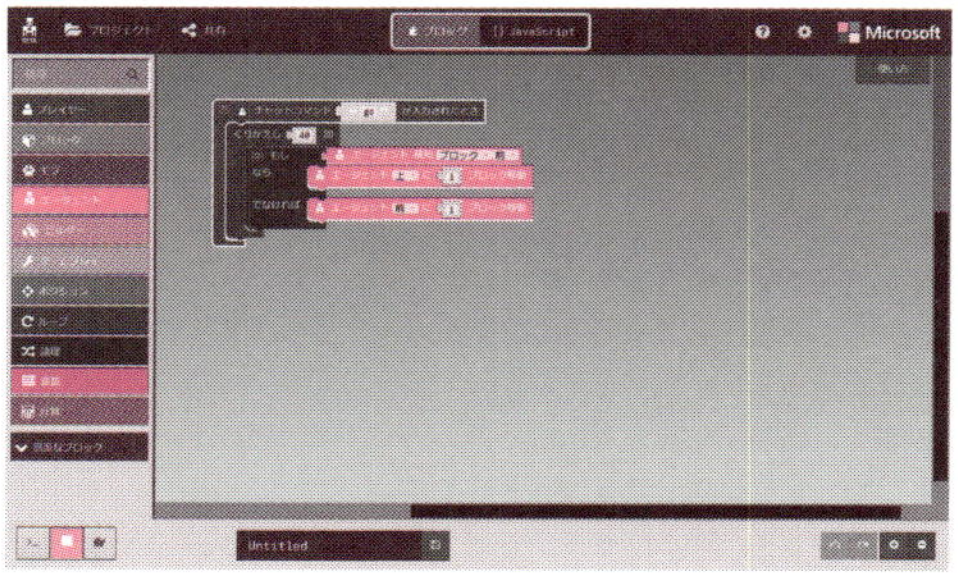

手前にみえるのがエージェント。このキャラクターの活動をプログラミングできる

先生向けアドバイス

自分の授業のどこに使えるか、考えてみよう

準備をはじめる

校内で機材や設備を確認したり、くわしい先生たちで担当チームをつくったりして、プログラミング教育の準備をはじめる

68ページもヒントに

プログラミングを知る

そもそも「プログラミング教育」とはなにか、文部科学省の発表や、この本のような各種資料を読んで、基礎知識を得る

まずは知ることからはじめよう！あせらずゆっくり準備を進めていけば大丈夫

POINT

教員向けの研修会に参加し、授業の組み立て方などについて、概要を理解する

各種のウェブサイト（*1～2）などで、ソフトやツールの活用例を調べてみる

自分で実際にソフトを使ってみる。授業に使えそうなポイントを実感する

自分でも試してみる

授業の準備を進めるなかで、先生もソフトやツールを使ってみるとよいでしょう。研修会やウェブサイトなどを参考にしてソフトの活用法を調べ、それを自分でも試してみましょう。実践によってわかってくることもあります。

（*1）http://scratched.gse.harvard.edu（英語のみ）
（*2）http://dotinstall.com

理科では自動ドアのしくみを通じて電気を学ぶこと、音楽ではソフトでの作曲を通じてプログラミングを体験すること、図工では造形表現をプログラミングによって広げることなどが検討できます。

「理科の実験」「算数の図形」「音楽の楽器演奏」など、さまざまな学びにプログラミングが活用できる

授業での活用を考える

研修などをおこないながら、授業のどこにプログラミングが活用できるか、先生どうしで協力しながら考える

70ページもヒントに

実践してみる

最初から完璧を求めず、いまある機材や設備といまの知識で構成できる授業を、まずは実践。先生も試行錯誤していく

POINT

各校の指導案を参考に

本書で紹介した大和田小や立命館小のように、先行的にプログラミング教育を実践している学校の指導案が、インターネットなどで公開されています。それらを参考にして、まずは授業のイメージをつかみましょう。

文部科学省が全国の事例を集めて作成した発表資料（*3）を参考にする

NPO 法人 CANVAS のプログラミング教育普及プロジェクト CS for All（*4）を参考にする

校内の授業や特別活動、近隣の学校の事例などを参考にする

（*3）http://jouhouka.mext.go.jp/school/programming_zirei/
（*4）http://csforall.jp

学校では

機材や予算が足りないときにどうするか

設備環境面でよくある悩み

学校でプログラミング教育を導入する際、パソコンやタブレット、ネットワーク環境などの設備面に不足があり、他校の例を参考にできないという場合があります。設備環境は学校によってまちまちで、その対策は一様ではありません。

最新のツールが用意できない

パソコンやタブレットなどのツールが古かったり、そもそもなかったりする。そのため、他校が使っているソフトや本に掲載されているソフトが使えない

機材やネットワーク環境の整備に手間どってしまい、授業の準備がなかなか進まない

ソフトの使い方がわからない

ツールやソフトはあるが、先生がその使い方を知らない。しかしそのための研修費や外部講師を招く費用がない

1人1台にならない

パソコンやタブレットを1人に1台、割り当てられない。数人に1台となってしまう

たとえばScratchにはインターネットに接続するものと、ダウンロードしてオフラインで使えるものの両方があり、どちらも無料で利用することができる

人・もの・時間を整備する

プログラミング教育の導入に合わせて最新の機材や設備をそろえることができればよいのですが、難しいこともあるでしょう。先生どうしで情報共有をはかったり、機材や時間を確認・調整して、いまできることを考えていってください。

「人」を整備する

校内のICT担当者やパソコンなどにくわしい先生を中心に、教え合える関係をつくる。研修費がなくても、人のつながりをつくることで十分に対応できる

「もの」を整備する

いま校内にある機材や設備を確認し、実施できる課題を考える。外部講師に状況を説明し、アドバイスを求めるのもよい

「時間」を整備する

校内研修の時間をもうけたり、授業中に子どもどうしが教え合う時間をつくったりすることも大切

授業の構成を工夫する

機材や教材が物理的に不足していて、子ども全員に同じ環境を用意できない場合もあります。

しかし、1台のツールを数名で共有する形でも、ツールを交替で使い、子どもどうしで教え合える機会をつくれば、どの子も十分にプログラミングを体験できます。

授業の構成を工夫して、とりくんでいきましょう。

設備が整えば事務作業も減る？

学校が予算を組み、機材を導入することは簡単ではないかもしれません。しかし設備を整え、先生たちが使い方を習得すれば、事務作業をデジタル化して作業時間や経費を削減することにもつながります。新しいツールは大人にも役立つものです。

学校では

教科学習としてのねらいを明確にする

プログラミング「で」教科学習をする

学校では、家庭での実践以上にプログラミング「で」学ぶという視点が重要になります。

とくに小学校では、プログラミングを体験しながら各教科の内容を学ぶことが、基本になります。あくまでも教科学習が主体であり、プログラミングはその手段です。教科学習としての目標を明確にする必要があります。

プログラミングをどのように活用すれば、教科学習のなかに組みこみ、いまの社会に合った新しい学びを引き出せるか。先生たちはそう考えて、授業をつくっていくことになります。目標を整理しておきましょう。

特徴から目標を考える

プログラミング教育にはさまざまな特徴があります。その特徴を教科学習のなかでどのように活用できるか、考えていきましょう。

コンピュータを知る機会になる

プログラミングを体験することで、コンピュータのしくみにふれ、基礎的な理解が進む

自己表現に活用しやすい

子どもたちは自分の考えたことを、プログラミングによって形にすることができる

ものづくりを楽しめる

ソフトを活用すれば、場所や材料を使わずに、かんたんにものづくりが楽しめる

プログラミング教育では、コンピュータを通じて自分の考えをさまざまな形で表現できる！

あの形に動かすためには、
角度はどうやって
プログラミングすれば
いいのかな？

算数で「多角形の内角を学ぶ」という目標を立てる。プログラミングソフトで「キャラクターを正五角形に動かす」ことを課題にして、子どもは内角の求め方を考えていく

目標を設定する

教科学習としておこなうため、その教科の内容を学ぶことがより大切です。算数では「分数」や「多角形」などの知識を得ることや、そのための計算を学ぶことなどを目標とすることができます。

学習目標を立てる

各教科でプログラミングを活用できる単元を考え（66ページ参照）、それを学習目標として設定する。プログラミングは手段として使う

目標主体で授業を構成

教科学習を主体とし、プログラミングはそのための手段として、授業を構成する。そのため、子どもたちにソフトやツールの使い方と合わせて、それを使ってなにを学ぶか、授業の目標を明確に示すことが重要となる

目標にそって展開する

プログラミングの知識や技術を掘り下げて伝えるのではなく、プログラミングによって学ぶ授業を展開する

教科の内容を説明する

プログラミングを使っていても、教えるのは教科の内容。従来のように、教科のことを解説する

教科学習としての目標を設定しないと、ソフトやツールを使うこと自体が目標になってしまいがちです。子どもたちに授業の目標を示せるように、あらかじめ指導案を整えて、目標を確認しておきましょう。

学校では

大人の想像を超える子を育てていく

先生は学習環境を整える

プログラミング教育には前例があまりないため、先生のなかには不安や戸惑いを感じる人もいるかもしれません。しかし、できる範囲で環境を整え、課題や目標を設定すれば、プログラミング教育は十分に展開できます。

学びの場をつくる

先生の仕事は子どもがプログラミングを通じて学べる場をつくること。目標はしっかりと設定し、そのなかで子どもが自由に発想できるよう環境を整える

学習目標を設定して具体的に示す。なんのためにプログラミングをするのか、子どもが理解できるようにする

子どもが目標に向かってプログラミングを自由に活用できる場をつくれば、発想や実践はどんどん広がっていく

ツールやソフトの使い方、個人情報や顔写真の管理などについてルールを決め、全員で共有する

プログラミングを体験・活用するためのツールやソフトを用意する

子どもはどんどん伸びていく

プログラミングには無限の可能性があります。子どもが自由に発想できる環境を整えることで、その可能性がどんどん花開いていきます。

子どもが自由に遊んでいるうちに、大人の想像を超えるような成果を出すことも。「そんなこともできるの？」と驚くような作品がみられるかもしれない

子どもは伸びる

先生がプログラミングの知識や技術をなにもかも教えなくても、子どもは自分でソフトやツールを試し、その使い方を身につけていく

想像を超えていく

試行錯誤を続けるなかで、子どもは先生も知らなかったような使い方をみつけたり、思いもよらない作品をつくったりする

読み書きや楽器の演奏、スポーツなど苦手なことがあって従来の授業では力を発揮しきれなかった子が、タブレットなどの新しいツールを手にすることで、自分の考えを表現でき、自信をもつこともあります。

新しい手段が新しい学び方を生む

プログラミングという手法は、学習法や表現の手段として、これまでの学校教育にはほとんど存在していませんでした。

今後はそれを小学校の段階からさまざまな教科に活用するわけですから、学びの形は変わっていくでしょう。

予想外のことが起きても否定しないで

先生が想像しなかったような出来事が起きるかもしれません。インターネットを通じて子どもが外部の人と協力し、課題にとりくむようなことも出てくるでしょう。

そうした変化をどう受け止めるか、先生の姿勢が問われます。予想外のことが起きても頭ごなしに否定しないで、子どもといっしょに考えながら、新しい学びの姿を模索していきましょう。

COLUMN

海外ではすでに必修化されている

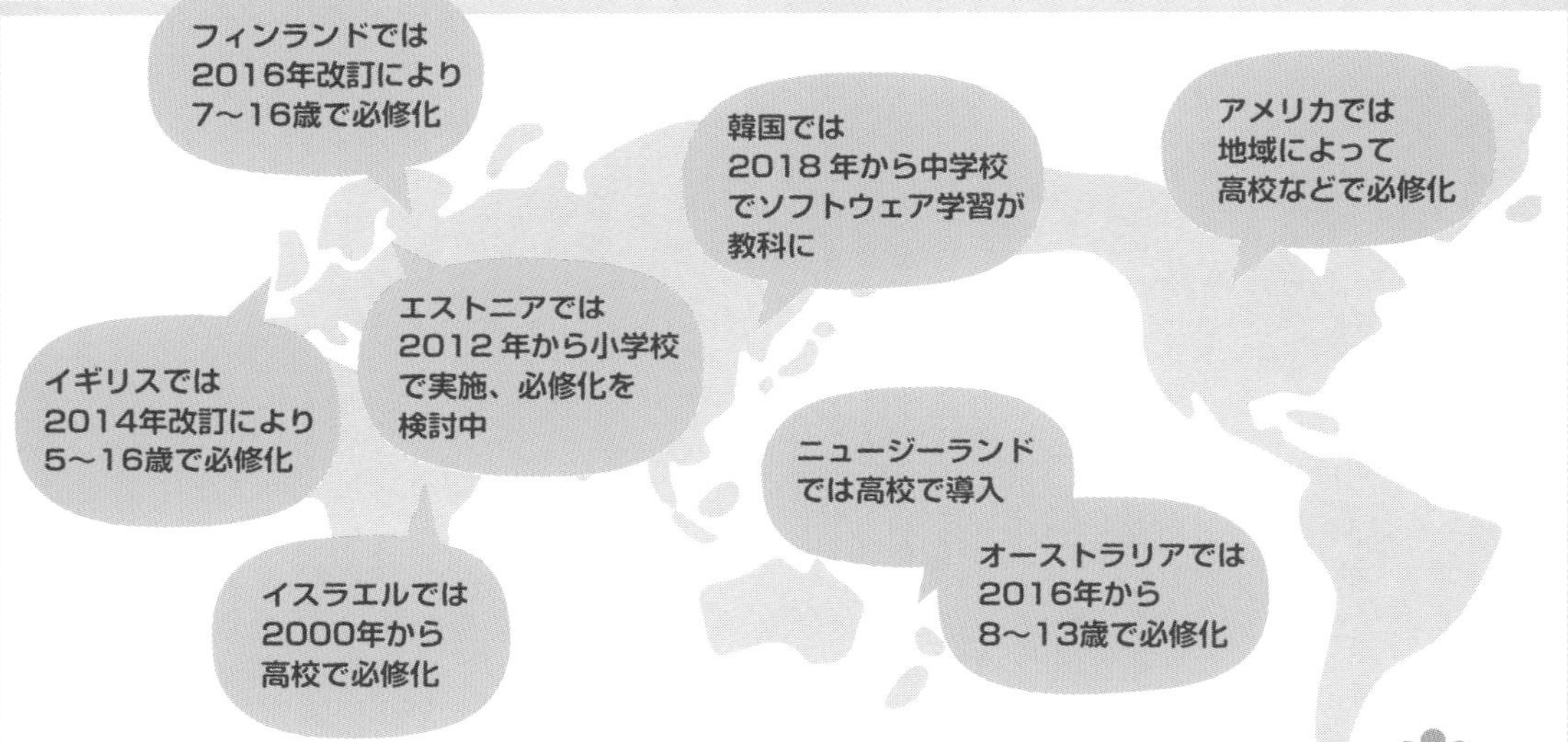
フィンランドでは
2016年改訂により
7～16歳で必修化
韓国では
2018年から中学校
でソフトウェア学習が
教科に
アメリカでは
地域によって
高校などで必修化
エストニアでは
2012年から小学校
で実施、必修化を
検討中
イギリスでは
2014年改訂により
5～16歳で必修化
ニュージーランド
では高校で導入
オーストラリアでは
2016年から
8～13歳で必修化
イスラエルでは
2000年から
高校で必修化

数年前から必修化が広がっている

海外では２０００年代に入ってから中学校や高校でのプログラミング教育が実施されはじめ、２０１０年代になると、小学校での実践も広がりました。

ここ数年は小学校での必修化を決める国が増えています。日本も２０２０年度に向けて準備をはじめていますが、それでも海外に比べると遅いくらいです。

たとえば韓国では、数年前から先生と小・中学生がオンラインでの家庭学習をおこない、教育用の動画配信サービスも利用しています。政府から多くの補助金を得ているサービスもあります。

日本も学校での実践が進むなかで、そのように多様な教育環境が整備されていくでしょう。

4 なぜいま子どもたちに必要なのか

大人でさえよく理解できないようなプログラミングを、
なぜ子どもたちが幼いうちから体験する必要があるのか。
そのように疑問をもつ人もいるかもしれません。
なぜかというと、それは、新しいソフトやツール、
そしてプログラミングが私たちの生活にどんどん広がっていて、
子どもたちの将来設計に、欠かせないものとなってきたからです。
プログラミングの重要性は、今後ますます高まります。

この章でわかること

- プログラミング教育導入の背景
- 社会にとってのプログラミング
- 子どもたちの将来にどうつながっていくか

考える

くらしのなかにプログラミングが増えていく

バスやトラックの自動運転もそろそろ実現するかも
在宅仕事もかんたんに。どこの誰とでも会議ができる

遊びにも仕事にも

技術の進歩によって、コンピュータは小型化・高性能化してきました。いまや、遊びや仕事など、生活のあらゆる場面にコンピュータがとけこみ、多くのものがプログラムによって制御されています。

プログラミングで変わる世界

楽しくなる

できることが増え、生活が楽しくなっていく。誰でもソフトやツールを思い通りに動かせるようになる

つながる

大人も子どももいっしょに楽しめる。年下や年上の人、世界中の人との人間関係づくりにもつながる

便利になる

すでに生活は便利になってきているが、さまざまなシステムの進化がこれからも続く

CINEMA
SHOP
販売や在庫管理が自動化されたお店も出てきた
好きな映画をすぐにみられる映画館が、かんたんにわかる
地図はナビ機能が充実。子どもでも迷わず歩けるように

あらゆるものにとけこんでいく

すでに生活のあらゆる場面・あらゆるものに、コンピュータがとけこんでいます。

地図をみるときには、ナビ機能があることが当たり前になりました。会議も買い物も、テクノロジーによって以前よりも便利になっています。こうした動きは今後ますます加速しそうです。

便利で楽しい生活になる

今後、コンピュータやプログラミングがさらに普及し、生活はより便利に、より楽しくなるでしょう。子どもたちはこれから、そんな社会を生きていきます。

小さい頃からプログラミングに親しみ、その活用法を身につけていくことで、子どもは社会の変化を理解し、楽しめるようになっていくのです。

考える

生活も社会もどんどん変わっていく

変化を止めることはできない

私たちのコミュニケーションツールは、手紙や固定電話からパソコン、携帯電話、スマホ、タブレットなどへ、次々に進化してきました。以前のツールもいまでも役に立ちますが、新しいツールの登場を止めることはできません。

以前のくらし

パソコンやスマホがなかった時代には、遠くの人に連絡をとるために電話機を使ったり、手紙を書いたりしていた

テレビをみて楽しかったら、次の日に学校で友達とその話をするのがふつうだった

いまのくらし

いまはインターネットを利用して、遠くの人にも文章や写真、動画、データなどをかんたんに送れるようになった

いまはパソコンで動画をみながらリアルタイムで友達とやりとりをできるようになった

交通事故をなくしたいといっても、車のない時代に戻ることはできません。交通ルールに注意することが大切です。スマホも同じです。子どもはスマホのある社会を生きていきます。社会の変化に合わせて、ツールの使い方を教えていきましょう。

未来のくらし

今後、コミュニケーションはさらに便利に、さらに豊かにできるようになっていく。学校の授業も大きく変わるはず

アサガオを育てるというアナログな活動は変わらないが、観察や発表には新しい技術がとり入れられていく。学校での24時間撮影や解説動画の作成、海外の子との情報共有などが近い将来には実現しそう

いまの常識は10年後の非常識

アップルがアイフォーンを発売したのは２００７年。それからの10年間で、みなさんの生活はどのように変化したでしょうか。

「メールを移動中に確認する」「地図は印刷せずスマホで調べる」「タブレットで新聞や雑誌を読む」といった習慣がつき、生活が大きく変わった人もいるでしょう。

変化は今後も続きます。いまの常識は、10年後には非常識になっている可能性があるのです。

変わるのは悪いことじゃない

社会が変わるのは、けっして悪いことではありません。

車やスマホが生活を便利に変えてきたように、今後現れるツールや技術も、私たちの社会を豊かにするはずです。おそれずに、活用法を考えていきましょう。

考える

子どもたちは将来、いまは存在しない仕事につく

6割以上の子は新しい仕事に？

近年、テクノロジーの普及・発展によって、コンピュータの機能が飛躍的に向上しています。これまで人間が担ってきた仕事が、コンピュータによって代替されることが増えてきました。

社会のそのような変化を受けてアメリカ・デューク大学のキャシー・デビッドソン教授は、子どもたちの6割以上が将来、いまは存在しない仕事につくという予測を立てました。ほかにも同様の発言をしている研究者がいます。

プログラミングを体験したり新しいソフトやツールに親しんだりすることが、新しい社会に適応する力にもつながっていきます。

仕事も変わっていく

テクノロジーの発展によって、仕事も大きく変わっていくでしょう。最近ではとくにAI（人工知能）の開発が進んでいます。AIの活用によって、劇的に簡略化される作業も出てきそうです。

より便利に、かんたんに

多くの情報を処理する作業などは、AIで簡略化できる。それによって、仕事の展開の仕方が変わってくる

在庫管理や商品の運搬を自動化している企業もある。倉庫での仕事はすでに変わりつつある

新しい仕事もできる

簡略化される仕事もあれば、新たに生まれる仕事もあります。子どもといっしょに、これからの仕事の姿を考えていきましょう。

医師や看護師、リハビリを担当する理学療法士、装具をつくる仕事など、人のケアに関わる仕事のなかには、コンピュータには代替しきれないものもある

人のできることは？

人間の力を必要とすることと、コンピュータによって代替できることを分けて考える。そして、人にしかできない仕事を探していく

なくなる仕事、なくならない仕事

一定の規則にしたがって作業できる仕事は、今後コンピュータに代替されるといわれています。たとえばレジ係は、すでにセルフレジというシステムによって、減りつつあります。

いっぽう、人間や動物をケアする仕事や、コンピュータのシステムを設計する仕事は、今後も残るといわれています。子どもと将来のことを話すときには、そうした予測を参考にしましょう。

なくなるといわれている仕事

- レジ係
- 受付係
- 事務員
- 製造工や組立工
- 配達員
- 各種オペレーター

なくならないといわれている仕事

- 医師や看護師
- ソーシャルワーカー
- 警察官
- 保育士や教員
- 各種業務のマネージャー
- システムエンジニア

親・先生向け
アドバイス

子どもといっしょに未来のくらしを考えよう

くらしについて話し合う

子どもといっしょに、生活や社会のことを話し合う機会をもうける。いまのくらしが将来どのように変わっていくか、具体的に考えてみる。授業でとりくむのもよい

勉強や授業の変化のほかに、食事や入浴、睡眠などがどう変わるか、親子で考えてみる

POINT

子どもがよく使う道具や、入浴のように毎日おこなっている行動を例に出してみるのもよいでしょう。身近な例に引きつけて考えることで、子どもが未来を想像しやすくなります。

個人用の飛行機が生まれるとしたら、どんなしくみになる？　子どもの常識にとらわれない発想を聞いてみよう

未来の町

将来、町の建物や交通機関、道路などがどう変わるかを考える。いまは存在しないしくみを想像してみるのもよい。たとえば自動運転が実現した場合、どんな標識や交通ルールができるだろうか？

未来のロボット

コンピュータの小型化・高性能化によって、ロボットの開発も進んでいく。どのようなロボットが活躍するか、考えてみるのもよい。たとえば救助や介護、運送などに使われるロボットは、どう進化するだろうか？

未来の仕事

環境や道具を想像するなかで、新しい仕事がみえてくる場合もある。それが子どもにとって、将来の夢になることも。たとえば個人用の飛行機が登場し、空に道路をつくる仕事が生まれるかも？

授業の目標として設定するのもよい

42ページで紹介したグループワークのように、「未来のまち」を授業やワークショップのテーマにして、学習目標を設定するのもよいでしょう。

たとえば未来の町のインフラを子どもに考えてもらいます。ただ考えるだけでなく、思いついたアイデアがすでに研究されているかどうか調べてもらうと、より実践的な学びになります。

考える

これからの社会で必要となる力とは

自分から動く力

社会はどんどん変化していきます。プログラミングに使うソフトやツールも変わっていくでしょう。これからの社会では、新しい情報を積極的に手に入れ、それをもとに自分で考えて行動する力が必要になってきます。

自分で行動する

ただ考えるだけでなく、行動にうつす力も重要に。実際に手を動かし、問題解決をはかることで、考えが更新されていく

自分で考える

学校などで確かな知識を得るとともに、日々変化する社会にも目を向け、自分で情報を整理する力が必要に

自分でつくる

社会に必要なものがあれば、自分の手でつくり出すという発想が必要に。そのための力を身につけていきたい

世の中をみて、「こういうものがあったらいいな」と思ったら、その考えをまとめて、実際に行動してみる

変化をみながら自分で考え行動する

技術が発展し、社会が急速に変わっていくなかでは、自分で変化を感じとり、情報を手に入れ、整理する力が必要になります。

いまなにが必要かと考え、その考えを行動にうつしていく力が求められるのです。プログラミングを通じて、そのような力を育んでいきたいものです。

そのための基礎としてテクノロジーを理解する

いまの社会をみるためには、テクノロジーを知ることが欠かせません。教育界ではそのための基盤として「ＳＴＥＡＭ」の５分野が重視されています。

プログラミング教育には、この５分野すべてが関わります。子どもがテクノロジーを理解し、考えていけるように、プログラミング教育にとりくみましょう。

「STEAM」を活用する力

社会の変化をみながら考え行動していくためには、「STEAM」の５分野の活用が重要だといわれています。Science（科学）、Technology（技術）、Engineering（工学）、Art（芸術）、Mathematics（数学）の５つです。プログラミング教育を通じて、この５分野を学ぶこともでき、注目されています。

新しいデザインを発想する芸術性
技術を支える科学や数学の基礎知識
デザインを形にする技術や工学の力

STEAM が新しいものづくりのベースに！

COLUMN

プログラミングとビジネスのつながり

つながりは今後、ますます強くなる

現在でもすでにプログラミングは多くのビジネスにとって欠かせない要素となっていますが、今後はますます重要になるでしょう。

　農業や漁業といった第一次産業や、パン屋のような町の小さな商店にも、コンピュータが活用されるようになってきています。あらゆる仕事にプログラミングが関わっていきそうです。

海外では高収入の目安のひとつに

海外では、子どもにプログラミング教育をすることが、その子が将来、高収入を得ることにつながると考える人もいます。

　実際に、プログラマーやプログラミングを仕事に活用している人は、そうではない人に比べて年収が高いという統計が出ている国もあります。プログラミングの価値は今後も高まっていきそうです。

仕事をみせよう！

親が子どもに仕事をみせ、プログラミングが浸透していることを説明するのもよい。子どもにプログラミングの価値が伝わりやすい

勤務先のパン工場を見学する機会をつくり、オーブンもプログラムで制御されていることなどを説明する

5

プログラミング教育の効果とは

プログラミングを体験することによって、
子どもにさまざまな影響が表れます。
論理的に考える習慣がつく子もいれば、
表現する力が伸びる子もいます。
体験する内容や、その子の個性によっても異なりますが、
総じていえるのは、子どもが成長し、
夢や目標が広がっていくということです。

この章でわかること

- さまざまな効果の例
- 「主体的・対話的で深い学び」との関連性
- 大人にとっての効果

育つ

プログラミングは論理的な思考につながりやすい

勉強や遊びでも論理的に考える

子どもにとっては、勉強も遊びも、すべてが学び。知りたいことがたくさんあり、いつもさまざまなことを考えています。

論理的思考力は日々育つ

勉強や遊びでも、論理的思考力は育つ。問題を解いたり、新しい遊びを考えたりするとき、子どもは論理的に考えている

本をじっくり読むときにも、論理的な思考は働いている

考える機会も振り返る機会も増える

プログラミング体験は、論理的に考える体験でもあります。

子どもはプログラミングをするとき、自分のイメージを実現しようとして、そのためのプログラムを何度も考えます。

実践してみては、もっとよいものにしようとして、試行錯誤します。そうして結果を振り返り、構造を練り直す体験自体が、論理的な思考になっています。

そうした体験を積み重ねることによって、子どもに考える習慣がつきやすくなります。ものごとの構造を探ったり、よりよい手順を考えたりすることが、自然にできるようになっていくのです。

プログラミングも考える経験に

プログラミングでは、手順を考えてプログラムを組み立て、実践し、結果をみてやり直すという体験を何度もくり返しできます。短時間に何度もトライアンドエラーを経験できるので、考える機会も豊富にあります。

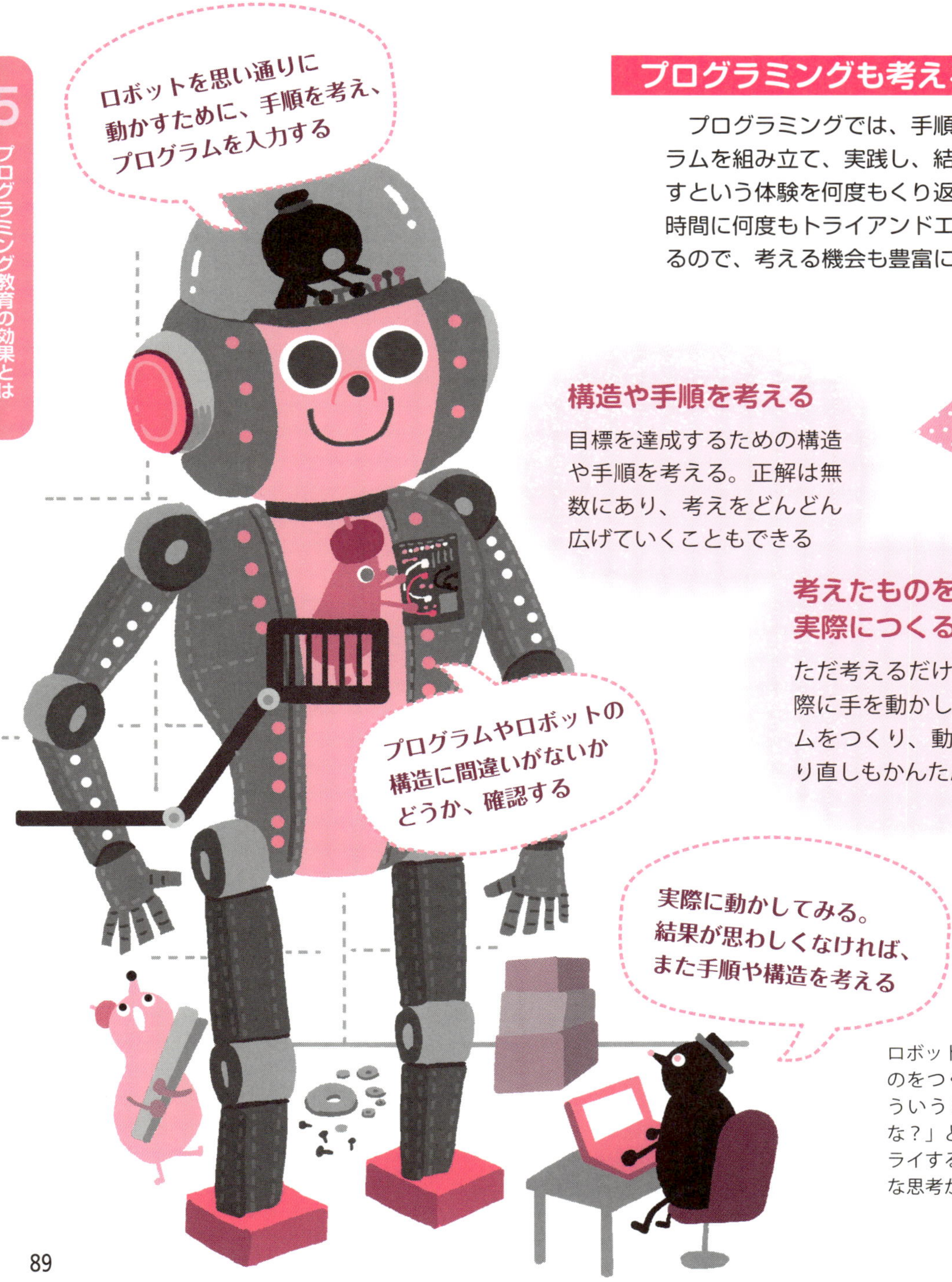
ロボットを思い通りに
動かすために、手順を考え、
プログラムを入力する
プログラムやロボットの
構造に間違いがないか
どうか、確認する
実際に動かしてみる。
結果が思わしくなければ、
また手順や構造を考える

構造や手順を考える

目標を達成するための構造や手順を考える。正解は無数にあり、考えをどんどん広げていくこともできる

考えたものを実際につくる

ただ考えるだけでなく、実際に手を動かしてプログラムをつくり、動かせる。やり直しもかんたんにできる

ロボットのように複雑なものをつくって動かし、「こういうことはできないかな？」と考えて、さらにトライする。そうして論理的な思考が経験できる

育っ

創造力と表現力が伸びて、ものづくりがもっと好きに

子どもはものづくりが好き

子どもはもともとものづくりが好きです。絵を描いたり、粘土をこねたりして、イメージを形にします。幼児期からのそうした遊びが、子どもの創造力や表現力をよりいっそう豊かなものにしていきます。

ものをつくる力がある

子どもによって好きなことや得意なことは違うが、どの子にも、ものをつくる力がある。それぞれに個性やスキルをもっている

子どもたちはみんなでいっしょにものづくりをすることも好き。それぞれの得意なことをいかして楽しみながらとりくめる

豊かなイメージを表現しやすくなる

子どもは手を動かしてものをつくり、自分のイメージを形にするのが好きです。大人には思いつかないようなアイデアをつくり上げることもあります。

プログラミングによって、そのような創作活動をより幅広く、より奥深く展開できます。たとえば絵をアニメーションにしたり、それを空間に投影したり、音楽を組み合わせたり。子どもがイメージを表現しやすくなるのです。

手作業にもプログラミングの活用にも、それぞれによさがあります。子どもにものづくりの新たな方法として、プログラミングを紹介しましょう。

つくれるものが増える！

プログラミングを活用すると、つくれるものが増えます。絵や粘土の作品に動きをつけたり、音楽を組み合わせたりすることができます。活動の幅が広がって創造力や表現力がさらに伸び、ものづくりがもっと好きになります。

町の紹介ムービーを撮影して、その活用法を考えるのもおもしろい。天気や季節に合わせて内容が変化するものにしてみては？

動画

ゲーム

音楽

ダンス

演技

工作

もっとクリエイティブに

子どもはもともとクリエイティブだが、プログラミングによってその力がさらに発展する。ダンスや工作など、さまざまな活動を組み合わせることがかんたんになり、子どものできることが増える

ダンスの発表会で、踊りや音楽に合わせて光の演出をプログラミング。イメージ通りのものができるかな？

ドローンにモップや洗剤をとりつけて、飛び方や動きをプログラミングしたら、屋根の掃除も自動化できる？

育つ

人とコミュニケーションをする力も育つ

生活のなかでも育つ

コミュニケーション能力は、日々の生活のなかで育つもの。家族との会話や先生・友達とのやりとり、読書、映画鑑賞などさまざまな形で、子どもは伝える力や理解する力を身につけていきます。

コミュニケーションの基礎が身につく

子どもはくらしのなかでコミュニケーションの基礎を身につけていく。言葉だけでなく、表情や仕草なども豊かに使えるようになる

なにげないおしゃべりも、子どもの成長につながっている

多様なコミュニケーションを経験する機会に

プログラミングは、双方向性や多様性をもちやすい活動です。

同じソフトを使っていても、子どもによってつくり上げるものはまったく違います。子どもたちは作品を互いにみせ合ったり、よいところを教え合ったりして、プログラミングを楽しみます。

年上の人や海外の人がつくったものにふれやすいのも、プログラミングの魅力のひとつです。誰でも同じソフトを使えるため、多様な人と同じ立場で交流・協力できるのです。

子どもはプログラミングを通じて、豊かなコミュニケーションを経験していきます。

コミュニケーションが深く広くなる

子どもはプログラミングにとりくむなかで、わからないことや知りたいことをみつけ、仲間と相談したり、くわしい人に質問したりして、深く広くコミュニケーションする機会をもつことができます。インターネットを通じて海外の人とも交流できます。

年上の人とも交流しやすい

プログラミングは、年齢の差があってもいっしょにとりくみやすい。さまざまな年齢の人と交流する機会になる

世界の人とも交流しやすい

自分の組み立てたプログラムをインターネットで公開すれば、世界中の人にみてもらえる。海外の人と作品を共同制作することもできる

いつもいっしょに遊んでいる友達と、作品をつくるためにいつもより深いやりとりをする
作品を通じて海外の人に自分たちの文化を紹介し、相手のことも教えてもらう
遠くにいる年上の専門家に意見を聞き、自分たちのプログラムをレベルアップさせる

仲間たちと協力することにも、遠くの人と交流することにもつながる。プログラミングを通じてコミュニケーションがさらに豊かになる

育つ

「主体的・対話的で深い学び」が起きる

話し合いながら深く学んでいく

文部科学省は２０２０年度から学校で、プログラミング教育とともに「主体的・対話的で深い学び」を導入することを決めました。新しい学習指導要領に、その詳細が示されています。これからの社会では、主体的に動き、人と相談しながら、ものごとを深く学んでいく姿勢が必要だということです。

プログラミングは、そのような学びがしやすい活動です。思い通りのプログラムを組むために、子どもは自分のしたいことを探し、人に話しかけ、多くのことを深く学んでいきます。プログラミングは、これからの社会に合った学習経験にもなるのです。

子どもたちは教え合って育つ

子どもは親や先生からさまざまなことを教わりますが、同時に、友達からもおおいに学んでいます。教え合って深く学ぶことを、子どもたちは日々の生活のなかでも体験しています。

仲間から学んでいる

友達に質問したり、知っていることを教えたりする経験を通じて、子どもは多くを学んでいる。知識の活用法や、自分の得意分野などへの理解を深めることができる

友達どうしで勉強会を開くと、内容を深く理解できる

プログラミングも教え合い、学び合う機会に

プログラムを改善していくためには、自分でよく考えることも、人のやり方と比べることも大切です。教えたり教わったりすることが経験できます。

主体性を発揮しやすい

プログラミングで自分のイメージを形にしようとすると、主体的な活動になる

対話も自然に起こりやすい

やり方を人に聞いたり、人の作品を参考にしたりすると、自然に対話が生まれる

自分のみつけたやり方を友達に教えたり、友達から違う方法を教わったりすることで、対話的な学びが起きる

なぜ「主体的・対話的で深い学び」が重要なのか

これまでの工業型社会では、一定の知識や技術を習得すれば、効率的に働くことができました。そのため学校や地域で、知識や技術を伝える教育が重視されてきました。しかしテクノロジーの発展によって知識は容易に検索できるようになり、技術も多くの機器に代替されるようになりました。

これからの社会では、知識や技術を習得するだけでなく、それらを状況に応じて自ら再構成し、活用する力も必要です。そのためには、対話する力や、知識や技術を深く理解する力も欠かせません。

文部科学省が「主体的・対話的で深い学び」を導入することには、そのような背景があります。

育っ

子どもの目標や夢が広がる

子どもには夢がある

子どもは興味のあることをして楽しんでいるうちに、次の目標を立てるようになります。そうして遊んだり学んだりするなかで、将来の夢をもちます。

好きなことが目標や夢になる

子どもは興味や好奇心をもって社会に出ていき、好きなことをみつけ、目標や夢をもつ

「ケーキが好き」「スポーツが楽しい」「人をたすけたい」といった気持ちが、その子にとっての目標や夢につながっていく

どんな道を歩むときにも役立つ力に

子どもは目標や夢をもち、それぞれに歩んでいきます。パティシエやサッカー選手など、めざすものは子どもによって違いますが、どの道をいくにせよ、プログラミングが役に立ちます。

プログラミングを通じて新しい学び方や表現手段などを身につけた子は、それを自分の目標や夢にいかせるようになっていきます。

プログラミング的な思考を働かせ、「手順を変えてみよう」「アプリを活用して情報共有のしくみをつくったほうがいい」などと考え、自分から動き出し、試行錯誤して、よりよい方法を探っていけるようになるのです。

夢がもっといっぱいに

目標や夢ができたとき、プログラミングの活用をひとつの選択肢としてもっていれば、可能性が広がります。夢に向かって実践するときも、想像を広げるときも、プログラミングが役に立つのです。

プログラミング「で」目標や夢がさらに広がっていく

色や素材の組み合わせをシミュレートすれば、宝石のようなお菓子もつくれるかも

一人ひとりに合わせた個別の練習法を開発して、最強のサッカーチームを結成！
7
3
1
人間の手では治せない病気も、ロボットアームなら治せるように
お客さんと話し合いながら、その人に合ったアクセサリーをつくっていく

パティシエやサッカー選手、医師、デザイナー。さまざまな夢があるが、どんなことにもプログラミングが役に立つ

COLUMN

親や先生には どんな効果があるか

保護者どうしでグループをつくり、情報共有をおこなうこともできる。そうして地域で知識や経験を蓄積し、学校や民間教室に還元しているところもある

社会がわかり、生き方が変わる

親や先生が子どものプログラミング教育に積極的に関わるようにすると、プログラミングとはなにかがよくわかります。

プログラミングは誰でもすぐに活用できる、新しい選択肢のひとつだと、親や先生も実感できるのです。そして日常生活や仕事にプログラミングをいかせるようになっていきます。

プログラミング的な思考を活用するようになる人もいれば、実際にソフトを使い、仕事の手順を効率化する人もいます。

人とのつながりが増えていく

また、子どもを通じてプログラミング教育のさまざまな機会に参加することで、人とのつながりが増えます。

さまざまな家庭の保護者や、民間教室のスタッフ、プログラミング教育に積極的な学校関係者などと知り合い、教育について語り合うことで、多様な考えを見聞きできます。

親や先生にとっても、プログラミング教育はよいコミュニケーションの機会になるのです。

■ 監修者プロフィール

石戸奈々子（いしど・ななこ）

NPO 法人 CANVAS 理事長。東京大学工学部を卒業後、マサチューセッツ工科大学メディアラボ客員研究員などをへて、2002 年に子ども向けの創造・表現活動を推進する CANVAS を設立。現在、株式会社デジタルえほん代表取締役、総務省情報通信審議会委員、慶應義塾大学准教授などを兼務。専門は子どもたちへのデジタル教育。ウェブメディアやテレビ、新聞、ビジネス誌などへの出演・コメント多数。

理事長を務める CANVAS では創造的な学びの場を産官学連携し提供している。これまでに開催したワークショップは 3000 回、約 35 万人の子どもたちが参加。幼児や小・中学生向けのプログラミング講座も多数展開しており、子どものプログラミング教育にくわしい。総務省と文部科学省でプログラミング教育関連の委員を務めている。

主な著書に『デジタル教育宣言』（KADOKAWA）、『子どもの創造力スイッチ！』（フィルムアート社）など。

健康ライブラリー

図《ず》解《かい》 プログラミング教育《きょういく》がよくわかる本《ほん》

2017年7月28日　第1刷発行

監修	石戸奈々子（いしど・ななこ）
発行者	鈴木 哲
発行所	株式会社 講談社 東京都文京区音羽２丁目-12-21 郵便番号　112-8001 電話番号　編集　03-5395-3560 販売　03-5395-4415 業務　03-5395-3615
印刷所	凸版印刷株式会社
製本所	株式会社若林製本工場

N.D.C.375　98p　21cm

ISBN978-4-06-259861-3

● 取材協力（敬称略・五十音順・肩書は取材当時）
安藤明伸（宮城教育大学技術教育講座准教授）
NPO 法人 CANVAS（赤松裕子、梅垣陽子、窪村永里子、髙木浩子、寺田篤生、土橋遊、並木江梨加、根津あさ子）
ギャラクシティ
株式会社セールスフォース・ドットコム
玉木英嗣（Microsoft Student Partners）
日本マイクロソフト株式会社
平井聡一郎（情報通信総合研究所特別研究員）
星野尚（那須塩原クリエイティブ・ラボ）
六車陽一（立命館小学校 ICT 教育部長）

● 編集協力
オフィス 201（石川 智）

● カバーデザイン
岡本歌織（next door design）

● 本文デザイン
南雲デザイン

● カバーイラスト・本文イラスト
植木美江

■ 参考資料（五十音順）

石戸奈々子著『子どもの創造力スイッチ！　遊びと学びのひみつ基地　CANVAS の実践』（フィルムアート社）

石戸奈々子著『デジタル教育宣言　スマホで遊ぶ子ども、学ぶ子どもの未来』（KADOKAWA）

風穴江／神谷加代／塩野禎隆／合同会社デジタルポケット／技術評論社編集部著『［ママとパパのための］こどもプログラミング読本――「未来をつくる力」を育てる』（技術評論社）

神谷加代＆できるシリーズ編集部著、竹林暁監修『子どもにプログラミングを学ばせるべき 6 つの理由　「21 世紀型スキル」で社会を生き抜く（できるビジネス）』（インプレス）

松林弘治著『子どもを億万長者にしたければプログラミングの基礎を教えなさい』（KADOKAWA）

『週刊東洋経済』2016 年 5 月 21 日号（東洋経済新報社）「【第 1 特集】ゼロからわかる超入門　今すぐ始めるプログラミング」

『日経トレンディ別冊　日経ホームマガジン　文系の親でもゼロからわかるプログラミング』（日経 BP 社）